湖南省新闻出版局 主编

湖南与阅读

人民出版社

目　录

前　言

　　为通俗易懂、深入浅出地向广大干部群众阐释全民阅读工作的重要性,总结回顾湖南开展"三湘读书月"活动的基本做法,展望湖湘阅读的美好未来,省新闻出版局围绕"湖湘文化之湖南阅读"、"阅读的发展历程与多样化明天"、"推动全民阅读的创新尝试"等主题,组织有关专家、学者、作家编写了《湖南与阅读》一书。

　　自古以来,湖湘儿女不仅留下了独一无二的历史典籍,而且留下了知书达理、热爱读书的优秀传统。比如曾国藩就在道光二十二年(1842年)冬给自己订下了每天读书的十二条规矩,其中有"一书未完,不看他书;念二十三史,每日圈点十页,虽有事不间断;每日读书,记录心得语"等句,读来发人深省。湖南的先贤们正是通过阅读和学习来继承前人经验,丰富自己知识,服务当时社会的。

　　"三湘读书月"活动是当今湖湘大地推动全民阅读,营造爱读书、读好书、读以致用氛围的核心载体。自2009年湖南省委、省政府两办发文将每年11月定为"三湘读书月"以来,从第一届到第四届,从湘江到澧水,从湘东到湘西,从书目推荐、读书报告、图书漂流、捐书赠书,到演讲朗诵、学习讲座、心得交流、亲子共读,越来越多的湖湘学子、企业职工、机关干部、退休职工开始守候书香,品读经典,其声势之大,甚至超出了湖南一域。此外,为深入持久地推动"三湘读书月"活动,我省还进行了一些较为积极的尝试,比如提出"市州城市阅读指数"指标体系、推进《湖南省促进全民阅读办法》立法工作等。这些做法在地方省市尚属首次,尽管可能存在不尽完善之处,但从推动全国范围的全民阅读工作来说,还是有一定借鉴意义的。

　　本书所记录的,除国内外的全民阅读基本规律与基本情况外,便是我省"三湘读书月"活动的新办法、新成效。其文观点准确、说理透彻,文风清新、可读性强。本书的成功出版,对进一步熟悉全民阅读发展趋势,进一步找出推动"三湘读书月"工作的新思路和新路径,具有重要意义。当然,因为时间较紧等原因,书中的错误和遗漏在所难免,望得到专家和读者的指正,以便再版时改进。

　　如今,全省上下肩负着全面建设小康社会、加快建设"两型"社会的新使命、新任务,这更需要我们大力弘扬湖湘优良读书传统,深入开展好全民阅读活动。但我们深知,阅读来自每个人的行动。全民阅读水平的提高,当然也来自每一位社会公民的积极参与。因此,诚挚欢迎读者朋友们在享受阅读快乐的同时,积极为提高我省"三湘读书月"活动水平建言献策。

第一部分　湖湘文化之湖南阅读

何谓湖湘文化？似乎并无定论。综合众多专家的研究，概而言之：湖湘文化是指一种具有鲜明特征、相对稳定并有传承关系的历史文化形态。它不是一种学派，而是长期以来在湖南地域范围内形成和发展起来的一种地域文化。

说到湖湘文化，不妨先来说说湖南人引以为傲的岳麓山。岳麓山位于省会长沙湘江西岸，虽不算太高，但奇珍幽美并具。明代吴道行有《岳麓山水记》，篇末盛赞曰："岳麓之胜，甲湖湘而光古今也。然而岳麓之传自书院，其重以朱张，况乎禹碑蝌蚪，千秋欣慕，递汉、晋、唐、宋以迄于今，帝子名贤，禅宗羽客，风韵如斯。夫岂非山川奇异，足畅胸襟而开清旷之致也。"岳麓山实在不是一座凡山，它既有自然的大美，又有文化的内涵；它博大精深，神秘莫测；它兼容并蓄，集中国传统文化精华之大成。它是真正的儒、佛、道三教合一。山脚下，有"惟楚有材，于斯为盛"的岳麓书院；山中间，有"汉魏最初名胜，湖湘第一道场"的麓山寺；山顶上，有"西南云气来衡岳，日夜江声下洞庭"的云麓宫。对岳麓书院深有研究的江堤先生曾在《山间庭院》一书中写道："湖湘文化自周敦颐始，才有杀伤力。由周敦颐所建立的

'心性义理'体系，首次将湖湘文化提升到了哲学的高度，从而出现与理学纠缠发展的格局……在岳麓书院创立之前的数百年，佛教已经传入中土并在岳麓山安家落户。一些佛教徒为了解决佛性问题，开始借用子思和孟子的心性术语，超脱儒学淑世淑人的教化目的，而赋予'心性义理'以本体上的意义。"可以说，周敦颐的学术研究其思想的根源是受到了佛学启示的。"另一方面，在岳麓书院创立之前，道教已先于儒教抵达岳麓山，周敦颐吸收了陈抟的道教系统《太极图》，以《周易》的'太极'范畴为主体，杂糅道教的无极、无欲、主静等概念重新描绘了《太极图》，并作《太极图说》，向人们展示了一幅极富哲学思想色彩、结构精密严谨的宇宙生存图式和人类生成图式，从而解决了儒道之间的矛盾，从客观上促进了岳麓山的儒、佛、道三教合一，为湖湘文化的包容性、开放性的学风的形成奠定了基础。"

周敦颐之后有张载，有程颢、程颐。张载在理学领域与周敦颐齐名。其著作《西铭》、《东铭》、《正蒙》等被视为理学经典，"为天地立心，为生民立命，为往圣继绝学，为万世开太平"则是他的人格使命。二程则提出过有名的"存天理，灭人欲"。江堤先生认为，在当时，二程是对自己所处的阶级在利欲关系上的反思，要求本阶级成员从公心出发，克服私欲，是有着进步意义的。至于后来这一文化命题口号化，并蔓延到普通的民众之中，这是犯了"扩大化"的错误。这种错误的背后有领导者的私利在作怪，应该由那个时代负责。

再之后，便到了朱熹、张栻的时代。朱张的学问源自二程。朱张在湖湘文化中占有非同一般的地位，自然也对湖湘文化起到了很大的推动作用。张栻的《孟子说》、《论语解》、《南轩答问》等,被公认为是湖湘文化最早的经典。张栻还培养了大量的人才,为湖湘文化的发展作出了卓越的贡献。朱熹却善于总结和综合前人的儒学成果。正如江堤先生所说:"在朱熹手上儒学完成了由经学向理学的转变,宋明理学也只是在朱熹手里才确定了它特立独行的学术规模和价值体系,奠定了确然不拔的基础,影响尔后学术思想的发展达六七百年之久。明清两代统治者,以皇帝为代表,编印教化天下的书籍如《五经大全》、《四书大全》、《性理大全》、《性理精义》无一不与朱熹有关。"

　　到了明代中期以后,程朱理学被不断质疑,朱张为代表的湖湘文化也逐渐衰落,此时,王阳明的心学便应运而生了。他的"致良知"、"知行合一"、"心即理"等命题是在对朱熹等的批判上提出来的。王阳明是湖湘文化的一座高峰。王阳明之后两百多年,魏源、曾国藩等的经世致用之学便大行其道了。且井喷出一大批影响近代中国的响当当的人物。这些人物翻天覆地或砸破旧世界或建立新世界,不管历史如何评说,他们的思想、他们的理论、他们的方方面面都丰富了湖湘文化,使得湖湘文化至今生机勃勃果实累累。

　　这是一本与阅读相关的书,其引言试图从湖湘文化的历史渊源切入。宋代苏轼在《李氏山房藏书记》中有云:"孔子圣人,其学必始于观书。"上述所提到的与湖湘文化相关的诸多先辈,无不是"读书破万卷"者。阅读使人充实,使人明理。用林语堂先生的话说,阅读"所以开茅塞,除鄙见,得新知,增学问,广识见,养性灵。"

　　湖南阅读的历史渊源。这题目有点大。只要从其中扯出一根线来,便可以写出一本书。那就简单一些,从中挑出几个闪光的点来说说。比如,历史上湖南书院的繁荣;抗战期间,湖南的"长沙临时大学"与十几所"抗战流亡中学";又比如,湖南古今名人的读书生活;湖南的藏书大家;以及湖南今天的读书种子与传播书香的人。

一、历史上湖南书院的繁荣

书院,无疑是一个读书人汇集的地方。讲得学术一点,那就是由儒家士大夫创办并主持的文化教育机构。我们知道,在远古是没有书这个概念的。原始人结绳记事,好多好多万年之后,才慢慢有了缣帛和简牍。但缣帛太昂贵了,简牍又太笨重了。那时候形容一个人有学问,说是"学富五车"。现在想想,那车也并非现在的载重汽车,而是马车,且马车上装的又不是现在的纸质书,而是缣帛抑或简牍。现在一套稍厚一点的书,估计五车都装不下。如,2013年8月完工、历时7年之久的《湖湘文库》大型丛书,总共702册,摆成一排长达28米。所以,在孔夫子的那个时代,读书和现在的方式方法是大不相同的。直到伟大的蔡伦诞生,发明了造福至今的纸,阅读的方式才发生了比较大的变化。不过,从简帛时代的结束,到印刷术的诞生,这中间有相当长的一段时间,人们所读的纸质书,是要经过人工抄写的。所以那个时候"抄书"也就成了一种职业。总之是自从纸质书代替了简帛,书也就变得越来越多了。书的流通也变得方便了许多。于是,在官方,也就有了专门的藏书机构。在民间,也有藏书家建起了藏书楼。据专家考证,"书院"这个称谓最早是出现在唐代的官牍之中。比如唐玄宗时,就曾有集贤殿书院,那是一个专管抄书、校书和藏书的机构。在民间,有些藏书家也把自己藏书的地方叫作书院。如《全唐诗》中就提到过南溪书院、田将军书院等。但这些书院都还是限于私人藏书与读书之所,至于变成传道解惑的教育场所,那就是后来的事了。比如现在要介绍的湖南的书院,那都是到了宋代或以后了。

湖南的书院在历史上是非常发达的。曾经史称中国有"四大书院",湖南就占有了两个。(当然,也流传着多个版本,这是其中比较公认的一说,后文详述)一个是长沙的岳麓书院,一个是衡阳的石鼓书院。那我们就先从岳麓书院说起吧。作家彭国梁曾经写过一篇题为《岳麓书院》的文章,现摘抄其中的一段:

清长沙人郭祖翼写过一首题为《岳麓书院》的诗,诗曰:

赫曦终古屹崔巍,四座弦歌讲幄开。

乔木百年思宿彦,名山一代养奇才。

云端梵呗随风落,槛外泉声绕竹来。

惆怅残碑兴废局,渊源谁溯道乡台。

岳麓书院坐落在岳麓山下,被百年千年的古树掩映着。在岳麓山顶有一个"赫曦台",半山腰上有麓山寺,又名岳麓寺,作法事时的"梵呗",即赞叹歌咏之声随风飘落,山顶还有一云麓宫,那是道教的福地。讲堂的帷幕拉开,学识渊博的大师侃侃而谈。少顷,便又闻莘莘学子琅琅书声,在院外绕竹而来的泉声的伴奏下,是那样和谐,令人神往。书院内有各种碑刻,其中有一著名的"麓山寺碑",系唐代李邕撰书。李邕,字北海,故此碑又称李北海碑。该碑因岁月久远,残缺了三分之一。据传,麓山寺碑其文、书、刻均系李邕一人所为,人称"三绝碑",但有专家质疑,其文是否出自李邕之手,尚无足够证据。在爱晚亭的右上方,赫曦台的下面,还有一道乡台,那又是一个动人的故事……我觉得这首诗像素描一样勾勒出了岳麓书院的大致轮廓,让一个对岳麓书院比较陌生的人见了,能产生初步印象。

　　岳麓书院,创立于宋开宝九年,也即公元 976 年。在这之前,书院已具雏形,但管理权在佛家弟子的手中。儒和佛之间存在着矛盾,那是一定的。史载岳麓书院的第一任山长叫周式。据说周式这人以行侠仗义著称。他主事岳麓书院不到三年,就已声名远播,连远在汴京的皇上宋真宗都对它产生了很大的兴趣,公元 1015 年,宋真宗在汴京召见周式,想封他一个"国子监主簿"的官,但周式无意于仕途,执意要回岳麓书院。宋真宗当时还算开明,没有为难他,而且还赠送了马匹和不少书籍,并题了"岳麓书院"四字相赠。现在这四个字依然高悬在岳麓书院的大门之上。

　　自宋真宗御书"岳麓书院"之后,岳麓书院更是名声大振。北宋有"四大书院"之说,究竟是哪四大书院,一直没有统一的说法。但不管多大的分歧,岳麓书院都是稳居其中的。(1984年 4 月 29 日,中国邮政发行了一套四枚的中国古代书院邮票,所选的书院依次是长沙的岳麓书院、江西庐山的白鹿洞书院、河南登封的嵩阳书院和河南商丘的应天即睢阳书院。其实,北宋时期非常著名的书院还有湖南衡阳的石鼓书院、江苏金坛的茅山书院、山东徂徕即今书坊的徂徕书院、河南洛阳的龙门书院等)到了南宋,著名的理学家、教育家张栻任岳麓书院山长时,朱熹两次访院讲学。现在,岳麓书院的讲堂之上还摆着两把古老的木椅,据称那就是当时朱熹和张栻会讲时坐过的。朱熹和张栻都是理学大家,但各有各的"理",会讲之时,两人同时坐在讲堂之上,针尖对麦芒,互不相让。那一种"得理不让人"、"认理不认人"的学术空气和氛围,直让人羡煞。据说那一次的"朱张会讲"坚持了三天三夜,学生近千人。于是,岳麓书院便有了"潇湘洙泗"之誉,"湖湘学派"也就应运而生。

此后,岳麓书院历元明清各朝,或兴或废,或起或伏,自有史笔记载,也自有会心者钩沉。翻阅岳麓书院的史料,在历代山长、师长、著名的访院学者和著名的学生中有一串长长的闪光的名字,这些名字以为诸君见了,是不可能无动于衷的。比如:车万育、陈际鼎、廖俨、李文照、易宗涒、曹耀珩、黄明懿、房逢年、王文清、旷敏本、欧阳正焕、张九镒、熊为霖、罗典、袁名曜、欧阳厚均、王先谦、谭嗣同、梁启超、唐才常、陈宝箴、皮锡瑞、宾步程、陈傅良、真得秀、魏了翁、张忠恕、吴澄、李东阳、王守仁、季本、罗洪先、邹元标、高世泰、毕沅、吴大澄、彭龟年、彭九言、王夫之、陶澍、魏源、曾国藩、左宗棠、郭嵩焘、胡林翼、刘蓉、刘长佑、曾国荃、李元度、刘坤一、沈荩、熊希龄、蔡锷、杨昌济、范源濂、程潜、蔡和森、邓中夏、杨树达、黎锦熙、陈天华、谢觉哉、毛泽东⋯⋯在岳麓书院的讲堂上,还高悬着两块大匾。一块是康熙皇帝玄烨赐的"学达性天"匾,另一块则是玄烨的孙子乾隆皇帝弘历所赐的"道南正脉"匾⋯⋯

关于岳麓书院,一说就有说不完的话。上述那些名字排在一起,便是群星闪耀。任何一颗星,都曾让这个世界发出过璀璨的光芒。有关他们的阅读故事,那是多不胜数的。限于篇幅,只得暂时将笔转到另一个同样群星荟萃的书院——衡阳石鼓书院。

　　石鼓书院位于衡阳北门外湘水与蒸水交汇处的石鼓山上。山似半岛,海拔近七十米,面积约四千平方米。山上有石鼓一座。《水经注》云:"石鼓高六尺,湘水所经,鼓鸣则有兵革之事。"东晋庾阐有《观石鼓》诗,其中有句曰:"鸣石含潜响,雷骇震九天"。韩愈有《合江亭》诗:"红亭枕湘江,蒸水会其左。瞰临眇空阔,绿净不可唾。"因此,宋人又名其亭为"绿净阁"。后南宋范成大亦有《合江亭》一诗,其序曰:"韩文公所谓'绿净不可唾'者,即此处,今有绿净阁。"又,石鼓山的东侧悬崖下有朱陵洞,唐杜光庭在《洞天福地记》中将其列为"第二十二洞真虚福地"。洞内有摩崖石刻无数,曾有朱陵洞内诗千首之美誉。唐元和年间,衡阳隐士李宽在山上筑庐读书。宋衡阳郡人李士真在此基础上扩建为书院。宋仁宗景祐二年,也即公元1035年,集贤殿校理刘沆奏请钦赐学田与"石鼓书院"匾额。至此,与岳麓、白鹿、睢阳,并称为北宋四大书院。曾在岳麓书院会讲的朱熹和张栻也在石鼓书院开坛演讲。石鼓书院有一"七贤祠",所祀者:韩愈、张栻、朱熹、周敦颐、李宽、李士真、黄幹。其中李宽,系石鼓书院的首创者。据《石鼓李氏族谱》载:"宽,祖,字裕卿。唐元和(公元806—820)时来自巩昌(今甘肃陇西),结庐石鼓山,昌明理学,多士景从。"李宽出身仕宦人家,自幼饱读诗书,但却对官场缺乏兴趣。曾有宰相裴垍要荐其入朝,他为了避免麻烦,便远走他乡,来到了距南岳不远的衡州石鼓山。当时,正遇韩愈途经衡州时,兴之所至,写下了《题合江亭寄刺史邹君》一诗。李宽深受其感染。李宽站在石鼓山上展目四望,只见三江相会,烟波浩淼,心胸无比开阔。仿佛脚底生根一般,再也不想离开了。于是,他便在寻真观安顿了下来,静

静地读书。因此,中国古代最早的书院也就因了李宽的因缘际
会而宣告诞生。当时,任衡州刺史的吕温也经常与李宽吟咏唱
和。《全唐诗》中便有一首吕温的《同恭夏日题寻真观李宽中秀
才书院》,诗云:"闭院开轩笑语阑,江山并入一壶宽。微风但变
杉香满,烈日方知竹气寒。披卷最宜生白石,吟诗好就步虚坛。
愿君此地攻文字,如炼仙家九转丹。"李士真前面已经提及,他
是李宽的后裔。他最大的功劳是捐以私财重建石鼓书院。黄幹
是朱熹的女婿,著述颇丰。他在朝廷当过不小的官,并利用手中
的权力为石鼓书院置田三百多亩。据称,他还在白鹿洞书院讲
授《易经》,听众不少。

　　衡阳文史研究者甘建华先生在《石鼓书院七贤》中,当写到
大儒韩愈时有如下一段值得一提:"试想一下,如果没有韩愈经
过驻节和留咏题诗,会不会有李宽来衡阳办书院,石鼓书院能否
得到宋仁宗恩眷题额,能否被朱熹、周必大、楼钥、吴泳等南宋理
学名家,列为'天下三大书院'(石鼓、岳麓、白鹿洞)之一;被宋
元之际著名史学家马端临在《文献通考》卷四十六中,列为'宋
兴之初天下四书院'(白鹿洞、石鼓、应天府、岳麓)之一;被南宋
理宗朝国史实录院检讨兼编修官刘时举在《续宋编年资治通
鉴》卷十中,列为'宋朝五书院'(嵩阳、石鼓、岳麓、应天府、白鹿
洞)之一,恐怕很难说。"但不管怎么说,以上提到的三大四大五
大书院,湖南均占其二。中国书院何其多,但我们湖南这两大书
院所占的地位那可是重中之重,谁也不能低估的。

　　其实,上面说到岳麓书院时,是应该把城南书院放在一起来
说的。因为地处长沙河东妙高峰上的城南书院系南宋时张浚、
张栻父子所创建。其时,朱熹在河西的岳麓书院,张栻在河东的

城南书院。两书院仅一江之隔。他们经常乘船往返,故有渡曰"朱张渡"。前面提到的"朱张会讲"便是宋代两书院的鼎盛时期。城南书院的另一个鼎盛时期则是清末。其"丽泽风长"的匾额系道光皇帝御书。当时,著名学者孙鼎臣、余廷灿、贺熙龄、何绍基、郭嵩焘等都曾在城南书院主讲并主事。曾国藩、左宗棠、王闿运、张百熙、黄兴等风云一时的人物也曾在此修读。据说左宗棠十九岁就读于城南书院,老师夸其曰'天朝花月毫端扫,万里江山眼底横。开口能谈天下事,读书深抱古人情'。"

　　再来说说周敦颐先生与以他的故里濂溪命名的濂溪书院。在周敦颐的故里,有溪一条曰濂溪,有山一座曰道山。道山之上,有一亭,今修,称"太极亭"。亭的顶上有太极图。阳动,阴静。金木水火土。乾道成男,坤道成女。万物化生。周子曰:"无极而太极。太极动而生阳,动极而静,静而生阴,静极复动。一动一静,互为其根。分阴分阳,两极立焉。阳变阴合而生水、火、木、金、土。五气顺布,四时行焉……"周敦颐被称为理学的鼻祖。他的《太极图说》和《通书》被后人评之为"推明阴阳五行之理,命于天而性于人者,了若指掌。"周敦颐在生时,他的声名并不显赫。之所以他的学问成为显学,与后来朱熹的推崇宣扬是分不开的。朱熹曾以周的《通书》进行校订,并使之出版。若干年后又对《通书》进行再校,并使之成为白鹿洞书院生徒的教材。此后,有《周子全集》、《周元公集》、《周濂溪先生集》、《周敦颐集》等诸多版本,大都是在朱熹校注的基础上衍变而成的。周敦颐的"濂溪学"风行一时,成为显学。同时,在全国,以濂溪、宗濂、太极、爱莲、濂山、景濂等等命名的书院也大量出现。特别是以"濂溪书院"命名者,据专家统计,当时在中国有四五十所之多。仅以湖南为例，便有邵阳濂溪书院、桂阳濂溪书院、江永濂溪书院、永州濂溪书院、永州宗濂书院、长沙濂溪书院、郴州濂溪书院，以及桂东、永兴、江华、新田、东安、蓝山、宁远、新化、道州等地均有其濂溪书院。特别是周敦颐先生的故里道州濂溪书院，更是非同一般。江堤先生在其《书院中国》中有如下描述："道州濂溪书院的前身，为祭祀周敦颐的专祠，后逐渐发展为集祭祀、藏书、教学三位一体的学府，濂溪书院名闻天下是在南宋景定三年（公元1262年），郡侯杨允恭请得皇帝御书'道州濂溪书院'匾，此后，著名学者李挺祖被任命为'掌御书臣'，对院舍进行了大规模扩修，凡寺宇、斋舍、讲堂均修葺一新。杨允恭亲作《濂溪书院御书阁记》，宣扬兴学宗旨，'国家之建书院，宸笔之表道州，岂徒为观美乎?! 岂使之传习文词为决科利禄计乎?! 盖欲成就人才，将以传斯道而济斯民也。'时设山长、斋长，主持教学、祭祀和掌管书院事务。入元以后，朝廷明令对濂溪书院严加保护，复塑濂溪先生神像，期间进行过两次大修，建有应门、濂溪祠、杨公祠、两庑、诚源堂、光风霁月堂、清远楼、爱莲亭、瞻德亭，规模宏大，为湘南之最。又援例聘请周氏子孙之贤能者，世为山长。著名学者欧阳玄作《道州路重修濂溪书院记》告诫师生'教者师之自树'，'学者善人自期'，作一个'真儒'。明代弘治、正德、嘉靖、万历、清代顺治均有修葺。康熙二十五年（公元1686年）皇帝垂青，赐'学达性天'匾，学风昌盛一时。乾隆以降，屡修不止，直至光绪二十八年（公元1902年）改为校士馆才停顿，数朝名院从此废学。时至今日，沧桑之变，已有百年。"

还有一个比北大的前身"京师大学堂"还早一年的时务学

堂值得一提。此学堂系熊希龄、陈宝箴、黄遵宪、徐仁铸等新党所创办，其优秀学生有蔡锷、范源濂（民国教育总长、北师大的创办人）、杨树达等。时务学堂在辛亥革命时期所产生的影响是波及全国的。

　　以上概述湖南历史上书院之繁荣，自可见其学风之昌盛。

二、抗战时期湖南之特别学校

　　长沙有一个"湖南圣经学校"，旧址在今五一东路南侧原省人民政府机关二院内，具体一点，其中的第三办公楼便是。该圣经学校系美国内地会传教士葛荫华创办，时间是 1917 年。湖南圣经学校是很具规模的，一色的琉璃瓦让人有一种庄严肃穆之感。学校创建后，因时代风云多变，故也是起起落落。兴盛时期生源遍及全国十七个省，甚至包括台湾、南洋等地区。1937 年，七七卢沟桥事变后，抗日战争全面爆发，在这多事之秋的一年里，湖南圣经学校经历了两件具有历史意义的大事。其一，它软禁了一个特殊的人物达数月之久。谁呢，张学良。因与本文关系不大，故事从略。其二，1937 年 10 月至 1938 年 2 月，它成为了"长沙临时大学"的校址。

　　柳亚子的儿子柳无忌先生 1987 年 11 月 24 日于美国加州写了篇回忆在长沙临时大学任教的文章，其中提到当时长沙临时大学的文学院设在南岳衡山（湖南圣经学校校舍不够），文学院的教授二十余人。其时北大历史系的教授容肇祖和清华大学哲学系教授冯友兰合作写了首好玩的诗，现录如下：

　　　　冯阑雅趣竟如何（冯友兰），闻一由来未见多（闻一多）；

性缓佩弦犹可急（朱自清），愿公超上莫蹉跎（叶公超）。

鼎沈雒水是耶非（沈有鼎），秉璧犹能完璧归（郑秉璧）；

养士三千江上浦（浦江清），无忌何时破赵围（柳无忌）。

从容先着祖先鞭（容肇祖），未达元希扫虏烟（吴达元）；

晓梦醒来身在楚（孙晓梦），皖岚依旧听鸣泉（罗明岚）。

久旱苍生望岳霖（金岳霖），谁能济世与寿民（刘寿民）；

汉家重见王业治（杨业治），堂前燕子亦卜荪（燕卜荪）。

卜得先甲与先庚（周先庚），大家有喜报俊升（吴俊升）；

功在朝廷光史册（罗廷光），停云千古留大名（停云楼，我们的宿舍）。

这是柳无忌先生当年日记的摘录。看看这教授的阵容，这还仅仅是文学院的。此外，还有理学院、工学院和法学院，四院共设十七个系。抗战初期，汇集在长沙的文化名人特别多，有一份《抗战初期长沙抗日救亡文化运动实录》的资料显示，当时在长沙的文化名人有七百多。我看了好几遍，发现这七百多人中，光是在长沙临时大学任教的就有近百人，这份资料还是不完全统计。除了上述柳无忌先生提到的十九位教授外，我现摘其有简历者按姓氏笔画列出如下：王力、叶企孙、皮名举、朱光潜、朱经农、汤用彤、刘仙洲、刘崇鋐、庄前鼎、李继侗、杨石先、杨振声、吴宓、吴大猷、吴有训、沈嘉瑞、张百苓、张奚若、张景钺、陈垣、陈总、陈桢、陈梦家、陈雪屏、邵循正、林徽因、罗庸、贺麟、钱穆、钱思亮、浦薛凤、黄钰生、梅贻琦、梁实秋、梁思成、蒋梦麟、曾昭抡、雷海宗、潘光旦、戴修缵。在上述的这些教授中，留学美国的有三十多人，留学英国、法国、德国的有十余人。长沙临时大学怎么会汇集如此之多的著名教授呢？这还得从"临大"是怎么来的说起。

　　抗战前夕，蒋介石在庐山召开了一个国是座谈会，邀请了全国许多的知名人士，其中包括北大的校长蒋梦麟、清华的校长梅贻琦、南开的校长张伯苓等。正在开会期间，七七事变爆发了，北方各校因此恐慌起来，群龙无首，于是纷纷向庐山至电告急，要求校长们速归，以便想法应付时局的变化。同时，在北平的著名学者、教授陆志韦、查良钊、罗隆基、梅贻宝等二十一人还联名致电庐山谈话会，要求守土抗战……可以想象，当时北方的大学肯定是人心惶惶的。直到 7 月 17 日，梅贻琦才给清华大学的教务长潘光旦吃了一颗定心丸，梅电告潘曰："今早重要会议，当局表示坚决并已有布置。"什么布置呢？就是国民政府已做出决定，将北京大学、清华大学和南开大学三所名校迁往湖南长沙组成国立长沙临时大学。

　　8 月 28 日，教育部教育司给清华校长梅贻琦寄去了一份公函："奉部长密谕，指定张委员伯苓，梅委员贻琦，蒋委员梦麟为长沙临时大学筹备委员会常务委员。杨委员振声为长沙临时大学筹备委员会秘书主任。"就这样，三位校长及相关的负责人接到上司的指令后，便匆匆地赶到了长沙。蒋梦麟在《西潮》一书中回忆："我到达长沙时，清华大学的梅贻琦校长已经先到那里。在动乱时期主持一个大学本来就是头痛的事，在战时主持大学校务自然更难，尤其是要三个个性不同历史各异的大学共同生活，而三校各有思想不同的教授们，各人有各人的意见。"接着，他又谈到长沙临时大学成立时的情况："联合大学在长沙成立以后，北大、清华、南开三校的学生都陆续地来了。有的是从天津搭英国轮船先到香港，然后再搭飞机或转粤汉铁路到长沙。几星期之内,大概就有两百名教授和一千多名学生齐聚在长沙圣经学校了。联合大学租了圣经学校为临时校舍。书籍和实验仪器则是在香港购置运来的,不到两个月,联大就初具规模了。""因为在长沙城内找不到地方,我们就把文学院搬到佛教圣地南岳衡山。"

在民族存亡的生死关头,在天上飞机轰炸,地上随时都要跑警报的动乱时期,"联大"的两百余名教授秉承着"天下兴亡,匹夫有责"的传统,为保住读书的种子,为了国家的人才不至于流失,他们风餐露宿不辞辛劳地来到了湖南长沙。他们用读书人的本分坚守,他们用文化学术抗战。当时,教授和学生在长沙条件之恶劣是难以想象的。比如林徽因到长沙后,曾给沈从文写过一封颇长的信,其中有这么一段:"个人生活已甚苦,但尚不到苦到'不堪'。我是女人,当我立刻变成纯净的'糟糠'的典型,租到两间屋子烹调、课子、洗衣、铺床,每日如在走马灯中过去。中间来几次空袭警报,生活也就饱满到万分。注:一到就发生住的问题,同时患腹泻,所以在极马虎中租到一个人家楼上的两间屋。就在火车站旁,火车可以说是从我窗下过去! 所以空袭时颇不妙,多暂避于临时大学。"当时的沈从文在武汉,曾专程到长沙看望过一次林徽因。林送走沈后不久,又给沈写了一封长信,其心情很是凄楚:"在黑暗中,在车站铁篷子底分别,很有种凄凉味道,尤其是走的人没有找着车位,车上又没有灯,送的打着雨伞,天上落着很凄楚的雨,地下一块亮一块黑的反映着泥水洼,满车站的兵——开拔到前线的,受伤开回到后方的;那晚上很代表着我们这一向所过的日子最暗淡的底层——这些日子表面上固然还留一点未曾全褪败的颜色。这十天里长沙的雨更象征着一切霉湿、凄怆、惶惑的生活。那种永不开缝的阴霾封锁着上面的天，留下一串串继续又继续着檐漏般不痛快的雨，屋里人冻成更渺小无能的小动物，缩着脖子只在呆想中让时间赶到头里，抱着自己半蛰伏的灵魂。接到你第一封信后，我又重新发热伤风过一次，这次很规矩的躺在床上发冷或发热。日子清苦得无法设想，偏还老那么悬着，叫人着一种无可奈何的急……"

1937 年 11 月 24 日，日本鬼子的四架飞机首次轰炸长沙，目标火车站。正好就是林徽因所住的地方。还是引用林徽因给费正清、费慰梅的一封信吧："在日机对长沙的第一次空袭中，我们的住处几乎被直接击中。炸弹就落在距我们的临时住房大门十五码的地方，在这所房子里我们住了三间——外婆、两个孩子、思成和我都在家。两个孩子都在生病。没有人知道我们怎么没有炸成碎片。听到地狱般的断裂声和头两响稍远一点的爆炸，我们便往楼下奔，我们的房子随即四分五裂。全然出于本能，我们各抓起一个孩子就往楼梯跑，可还没来得急下楼，离得最近的炸弹就炸了。它把我抛到空中，手里还抱着小弟，再把我摔到地上，却没有受伤。同时房子开始轧轧乱响，那些到处都是玻璃的门窗、隔扇、屋顶、天花板，全部都坍了下来，劈头劈脑地炸向我们。我们冲出旁门，来到黑烟滚滚的街上。当我们往联合大学的防空壕跑的时候，又一架轰炸机开始俯冲。我们停了下来，心想这一回是躲不掉了，我们宁愿靠拢一点，省得留下几个活着去承受那悲剧。这颗炸弹没有炸，落在我们正在跑去的街道那头……"

吴宓比较豁达。他是天天都写日记的，且写得十分详细。

他是1937年11月19日才到达长沙的。24日这一天上午他先到明德中学,然后又坐人力车再转轮渡过河。"步行,过湖南大学,登岳麓山,至爱晚亭小坐。山谷中,绿树参天,日光照灼,更以到处红叶,实为美景。至黄兴蔡锷墓而止。饮茶休息,乃徐归。渡湘江,入城。"中午,他应朋友宴请至李合盛牛肉馆就餐。"食毕,正将下楼(时为下午一点三十),而日本飞机忽至,在东车站投炸弹,毁交通旅馆及中国银行货仓等,死二百余人,伤众。此为长沙初次空袭。当时,远闻轰击之声,楼壁微震,街众奔喧。乃下楼步行而北。行至中山北路,别徵等,宓独沿大街东行。警察禁止行动,而街中人民拥护奔窜。宓依檐徐进,至湖南商药局门口,被警察饬入局内。众留该局久久,至警报解除,始得出……"

环境恶劣,条件艰苦,但学习的氛围却空前的好。蒋梦麟说:"虽然设备简陋,学校大致还差强人意,师生精神极佳,图书馆虽然有限,阅读室却座无虚席。"联大学生向长青在《衡山暂住》一文中回忆:"老师们根据多年教学的心得,循序善诱,把古代的语言文学知识传授给我们。朱自清老师讲陶潜诗,闻一多老师讲《诗经》,罗常培老师讲语音学,罗庸老师讲杜甫诗,魏建功老师讲中国音韵学史,可谓各尽其妙。当时,虽然教学设备非常简陋,甚至连个小型的图书馆也没有,然而老师们凭着他们的讲稿,照样把古代的文学、语言知识传授给下一代,而同学们则凭着一支钢笔,几个笔记本就把这些文学、语言知识继承下来。使人感到这名山中的临时教学场所,并不次于北京沙滩红楼里宽敞的教室。特别是老师和同学们随时见面,更增进了彼此之间的友谊,大有古代书院教学的风味。"

更为难得的是,教授们除了教学生,还挑灯夜读、秉烛笔耕。金岳霖先生写出了《论道》;冯友兰先生则写出了《新理学》;闻一多考订《诗经》和《楚辞》;汤用彤则著述《中国佛学史》……

长沙临时大学前后存在了不过三个多月,一千多个学生,他们除了上课之外,课余活动也是非常丰富的。开始,师生还没到齐,上课没有走入正轨,学校便安排了四场演讲。第一个演讲者是《大公报》的张季鸾,他讲的是关于战局发展的形势估计。第二个演讲者是陈诚将军,他讲的是关于战略与士气的一些情况。第三个演讲者是陈独秀,他刚从监狱出来,还留着囚犯的头发,他讲的是国际形势发展的预测。陈独秀演讲时,来的人特别多,大礼堂黑压压地挤满了人。第四个演讲者是教育家徐特立先生,徐老讲的是动员民众的问题。他的演讲特别受欢迎,总是掌声不断。有一个叫马伯煌的联大学生事后回忆,说当时的学生对这几位的演讲都非常满意,觉得很有意义:"既反映出兼容并包的传统学风,也表现出民主科学的历史精神。"除了请人来校演讲之外,"临大"另一项很有影响的活动就是演戏。他们组织了一个剧团。1938 年的元旦前后,在天心阁、经武路、东山街、中山路、教育会坪等处,演出了《疯了的母亲》《暴风雨的前夜》等。著名戏剧学家董每戡曾在当时的《戏剧新闻》上发文给予了很高的评价,说最近的长沙剧坛"在省垣方面是寂静得很,幸有临时大学的剧团冲破了沉寂……"此外,"临大"的学生还积极地组织和参加各项与抗日相关的活动。比如纪念"一二·九"运动两周年,学生们便组织了颇具规模的演讲会。又如1937 年 12 月 13 日,也就是南京沦陷的第二天,"临大"的学生就在校园里举行了隆重的集会,参加者有学生一千多人……同学们深感侵略者的铁蹄在祖国的大地上肆意践踏,国已破,家将亡,再也不能忍耐下去了,于是纷纷报名,要求上前线,其中有四十多人参加了湖南青年战地服务团。

长沙临时大学自开学起,长沙的局势是越来越紧张。南京沦陷后,蒋梦麟便亲自请示蒋介石,希望能够将临时大学迁往云南昆明。蒋介石权衡再三,终于做出了同意的决定。1938年2月下旬,在长沙活跃了百余天的临时大学全体师生,便开始了艰难的迁徙,从水陆两路,向着昆明日夜兼程。1938年4月2日,国立长沙临时大学正式更名为国立西南联合大学。至此,长沙临时大学便完成了它的历史使命。

长沙临时大学迁往云南后,就在同一年,即1938年,在湖南湘西的蓝田又诞生了一所国立师范学院,这便是湖南师范学院的前身。当年国民政府教育部决定要成立一所国立师范学院,校址拟选在抗战的大后方湘桂黔。长沙战火纷飞,肯定是不适合了。受命负责筹办的廖世承先生因此而来湖南考察。其时长沙的长郡中学已经迁往蓝田,长郡的校长鲁立刚在长沙的一个书店偶遇来湘考察的廖世承,鲁便向廖极力推荐蓝田,说蓝田"安定文化"、"青出于蓝"。"既偏僻而又交通便利"。所谓偏僻,是指离京广线较远,不会轻易遭到日寇侵扰;交通便利是指,那里通铁路、公路和水路。蓝田国师成立后,可说是名师荟萃。钱钟书的小说《围城》中有一个三闾大学,原型便是蓝田国师。他们父子都在蓝师任教。钱基博和钱钟书,一个任国文系主任,一个任英文系主任。据吴忠匡《忆钱钟书先生》一文回忆,他说钱最喜"神侃",经常在晚饭后与人闲聊,臧否古今人物,或评龚自珍、魏源,或评曾国藩、左宗棠等,说到激情处,便挥舞手杖,比比画画。他说听钱钟书的清谈,在当时是一种最大的享受。他的声音仿佛有一种磁性。或者说,有一种色泽感。总之是像在听音乐一样。而钱钟书的父亲因在蓝田任教数年的缘故,曾写过一本书,名《近百年湖南学风》。书中写了十几个大名鼎鼎的人物,如汤鹏、魏源、罗泽南、李续宾、胡林翼、曾国藩、左宗棠、刘蓉、郭嵩焘、王闿运、谭嗣同、蔡锷、章士钊等。用钱先生的话说:"其人有文人、学者、循吏、良相、名将,不一其人,而同归于好学深思;其事涉教育、政治、军谋、外交、欧化,不一其术,而莫非以辅世长民。"现在湖南师大"仁爱精勤"的校训,便是源自蓝田国师。

湘西还有一所国立八中非常有名。该校是1938年从安徽迁来的。著名的历史学家唐德刚和原国务院总理朱镕基都是该校校友。唐德刚有一首诗,其中有句云:"三千小儿女,结伴到湘西"。国立八中怎么会从安徽迁到湘西,这其中自有不少曲折,不及细表。国立八中是极具规模的,《潇湘晨报》"湖湘地理"栏目的记者薛小林曾采访过当年国立八中的校友,有校友回忆道:"由于国立八中人数众多,集中在一起办学无法供给,分散在各富裕商镇或湘川公路边交通便利的村镇,利用寺庙、书院、'大屋'(大型民居)等公私建筑作校舍。教学点分布在湘西、川东六县的十一个地方,每处为一个分部,校本部在湘川公路边的小镇所里(今湘西州吉首市)。十一个分部中,四个高中分部,六个初中分部,另设一个师范部。高中和初中各有一个女子分部。国立八中师生习惯叫各分部简称,如高中第一部简称'高一部',初中女子部简称'初女部',以此类推。但这只是最初的安排,日后又根据当地交通条件、供给及生源变化情况做了一些调整,各部之间有分合。"国立八中的师资力量也很强:"被学生提及较多的,如'不带三角板和圆规,随手一画,圈圆线直'的数学老师沈沅湘,讲解古文如从胸中出的国文老师张汝舟,用英文和到访的美国大兵流利对话的英语老师王道平。彭庆海转述当时从长沙来的同学评价,称国立八中老师'比战前长沙名校教师毫不逊色'。"条件愈是艰苦,学生好像愈是下了决心要刻苦地读书:"据国立八中校友徐成龙回忆,每天课余时间,学生们就在'附近田野里,农家柑橘园中,甚至稍远的山坡上油桐与油茶林中,河边草地上及巨轮水车旁',三五成群看书。由于学校地处偏远,他们和乡野的接触更为频繁。有的假期还深入苗族、土家族村寨开展抗日宣传演出,行走在乱世如世外桃源一般的静林里,陶冶了性情。"

当时,像"国立八中"这样的"抗日流亡学校"在湖南就有十多所。又比如因"五卅运动"而成立于南京的"五卅中学",也于1937年底先迁到武汉,不久再转迁到湖南的资江。之后不久,又迁到湖南益阳桃江县武潭镇下天湾村,从此在这个山村办学十余年。再比如,国立茶峒师范学校。茶峒为湘西四大名镇,湘川公路从茶峒穿过,西接重庆,东承沅陵、长沙。据说"茶师"第一届女生班,19个女生全部来自安徽。"茶师"和国立八中相距不是很远,如果走路,走五六个小时便可到达。1944年至1946年,风华正茂的朱镕基与夫人劳安都曾在湘西就读。六十年后,他故地重游,感慨良多,曾赋诗一首发表于《中华诗词》,诗曰:"湘西一梦六十年,故地依稀别有天。吉首学中多俊彦,张家界顶有神仙。熙熙新市人兴旺,濯濯童山意快然。浩浩汤汤何日现,葱茏不见梦难圆。"

　　意犹未尽,再说一说国立十一中。作家李渔村、易岘庄夫妇联手写过一部纪实性的长篇小说,名《烽火弦歌》。其内容便是描写抗日战争烽火中国立十一中师生的生活,即"在民族生死存亡的危急之秋,一批爱国教育家挺起不屈的脊梁,筚路蓝缕,创办抗战中学,以求教育报国,一批一批莘莘学子,卧薪尝胆,发奋读书,期作国家栋梁……"该书的结尾处,作者引用了其校友王一中为母校所撰的碑文:

　　　　国立十一中,一九三九年十月一日创建于竹篙塘。师生员工两千余人,杨宙康李际同先后任校长。时日寇凭陵,国难方殷。学校致力抢救沦陷区失学青年,且以殷忧启圣,多难兴邦相激励,把教育与民族、国家命运联系在一起。一时,名师荟萃,桃李争荣,在湖南高中历届会考中,均名列前茅。

　　　　一九四四年秋,日寇犯湘西,师生两度搬迁,风雨如晦,弦歌不绝。四六年秋迁校岳阳,更名省立十一中,即今岳阳市一中……

为何在那么一个特别的时期,会有那么多流亡的学校选择湖南这块宝地来保存读书的种子,并使之生根、开花、结果呢?我以为,湖南这个地方,从古至今,都有一种特别的气场。正气、霸气,豪气总是占着上风。既质朴务实,又倔强傲岸;既吃苦耐劳,坚忍执着,又刚健自信,好学多思。还特立独行,不怕死,不要命。在中国近代史上,曾有"中兴将相,十九湖湘"之说,又有"若道中华国果亡,除非湖南人尽死"的超强音。因此,莘莘学子选择这么一个地方来饱读诗书,自然是能为将来成为国家的栋梁打下坚实基础的。

三、历代湖南名人的读书故事

　　这个题目是可以写厚厚一本书的。因为篇幅的缘故，只能从数不胜数的名人中选出几则来说说。

　　岳麓书院的文庙有一楹联，系清代湖南的大学问家王闿运先生所作："吾道南来，原是濂溪一脉；大江东去，无非湘水余波。"好大的口气，但说到湖湘文化，认祖归宗，其源头自然要寻到濂溪那清澈之中去的。距濂溪不远，有一月岩，是道州一大奇景。这月岩如同一个城堡，既有东门也有西门，且这东西两门都威武异常。铜墙铁壁算得了什么？这城门估计是盘古开天地时顺便挥了两斧头，两斧头便开了两个城门。这月岩之所以称之为奇景，奇就奇在：从东门进，抬头望天，天如一弯新月。走一步，天上的月就丰满一分；再走一步，那月又丰满一分。走到东门和西门的正中间，头上的月也就成满月了。还往不往前走呢？月满则亏。再迈出一大步看看，再迈出一小步看看，一大步，一小步，那满满的圆圆的月忽然就变成下弦月了。初三初四禾苗月。再跨几步，从东门到西门，眨眼间，一个月就过去了。而在这月岩的半山腰上有一洞，洞中有一石床。据说当年的周敦颐先生经常一个人在月圆之夜，来这洞内秉烛读书，深思悟道。有时半夜醒了，出得洞来，伸长长一个懒腰，然后看天上的月亮与星星，然后在这石头上打坐。也许，他在琢磨，这月为阴，日为阳。月亮一走，太阳就来了。太阳一走，月亮又来了。再说这月岩。月岩没动，是人在动。可人总喜欢说，这月岩之中有三种不同的月。什么上弦下弦，什么满月。那是人的变化，而不是景的变化。阴和阳,动和静,这其中到底是一种什么关系呢?"五行,一阴阳也;阴阳,一太极也;太极,本无极也。""太极动而生阳,动极而静;静而生阴,静极忽动。一动一静,互为其根。"这月岩的顶上是天,这月岩当然是地。人在这天地之间,感受着四时的变化,能不能按照着月岩的某一种形状,画出一个太极图来呢。有人说,周敦颐先生的太极图说是因为在月岩的山洞里读书而获得的灵感,想必也是有一定道理的。

湘西草堂。王夫之晚年读书著述课徒之处,地处衡阳县曲兰镇石船山下。三百多年前,万山丛中,纵横的稻田旁边,有一座三四间不显眼的砖瓦房,里面住着一个老头。他经常坐大门口的街沿上读书,看着太阳从屋的前方升起又从屋后消失。看着春夏秋冬从容不迫的更替。门前的树叶绿了又黄黄了又绿。他的周围总是有一些年轻的后生来来往往,向他问这问那。他也就不紧不慢地回答着。比如某年的冬天,雪就要来了。有后生问:老师,是不是要下雪啊?老头答:好好读书吧,下雪之前,你得把书上的内容都记熟了。于是,那后生继续读书。这个老头本来是可以做大官的,如果他愿意低低头,就会有享受不尽的荣华富贵,可他宁愿饥寒交迫,也不愿苟且偷生。"清风有意难留我,明月无心自照人。"他身逢明末清初时局动乱之际,他不愿做亡国奴。他要守身保节,头不愿顶清朝的天,脚不愿踏清朝的地。他头上的发要保持汉人的本色。这个老头曾经是行伍出身,并带兵在衡山一带阻止清军南下。但毕竟势单力薄,无力回天。几经周折,最终他选择了归隐。顺治十七年,即公元1660年,他在衡山以西一个叫茱萸塘的地方找到了一个栖身之所。于是,他在那里建了个竹篱茅舍曰"败叶庐"。从此,他在这里开始了读书课徒并著述的隐居生涯。十余年后，"败叶庐"再也经不起雨雪风霜的摧折，眼看就要倒塌了。于是，他又在其后构筑了一个新的栖身之所曰"观生居"。依然是读书课徒并著述。这之后，又是六七年。再之后呢？他又隐居到了石船山下，筑屋名"湘西草堂"。在这里，他度过了人生最后的十七年。这个老头隐居山林四十余年，课徒无数。写的书多得不得了。道光二十二年，即公元1842年，由这个老头的六世孙王承佺交付著名学者邓显鹤校阅、邹汉勋编辑、守遗经书屋刊刻的《船山遗书》，共十八种，一百五十卷。这个老头的书整理出来之后，那是在朝野引起了相当大的震撼。在湖南，第一个给他最高评价的是时任两江总督且有湖湘经世学派领袖之称的陶澍。他为"湘西草堂"题"衡岳仰止"匾，其跋文曰："衡阳王船山先生，国朝大儒也，经学而外，著述等身，不惟行谊介特，足立顽儒。"并撰联赞之："天下士，非一乡之士；人伦师，亦百世之师。"百世之师，一语中的。谭嗣同说："五百年来通天人之故者，船山一人而已。"章太炎说："当清之季，卓然而兴起顽儒，以成光复之绩者，独赖而农一家。"后岳麓书院有船山祠，中山路曾国藩祠旁有船山学社，在世界各地，研究王船山的专家学者数不胜数。船山之学已成显学。一个在湖南衡山之西的山中读书课徒著述的老头，估计他自己也不会想到，他的学问和思想在几百年之后还能产生这么巨大的影响。

关于曾国藩读书的故事，有一则流传得比较广。说是他年少时天赋并不是特别高，记忆也很一般。某晚，他在昏黄的灯光下读一篇文章，并试图背下来。可是，他读到月过中天，依旧背不下来。这时，有一个在窗户底下等候多时的人却实在是忍无可忍了。于是,便把窗子敲了几敲,嚷道:"你这种记忆,读什么书啊!"说完,他把那文章背诵一遍,扬长而去。开始,曾国藩都没有反应过来,后来才明白,那家伙是个贼。他以为曾把那篇文章背出来以后,就会去呼呼大睡。然后,他就可以破窗而入偷东西。谁知曾怎么背也背不出来。实在气不过,便露了一手,一走了之。曾国藩是个读书广博的学者,其《曾文正公全集》有一百六十七卷之多。他读书的方法可用三字概括,即"耐、专、诵"。所谓"耐",就是一字不通,不看下句。今日不通,明日再读。今年不精,明年再读。如是反复。而所谓"专",他认为:"古人书籍,今人著述,浩如烟海,人生目光所能及,不过九牛之一毛耳。既知书籍之多,而吾所见者寡,则不敢一见自喜。"而要有所选择。他以为看全集不如看专集,学诗则先看一家集。比如他喜欢王夫之,有人从他的日记中摘录:

二更……四点入内室,阅王而农(夫之)所注《张子正蒙》。(十月初五)

二更三点入内室,阅王而农先生《通鉴论》数首,论先主、武侯、鲁子敬诸人者。(十月十七)

二更三点入内室,阅王而农先生《通鉴论》杨仪、孙资诸篇。(十月二十八日)

二更四点入内室,阅王而农先生《通鉴论》何晏等篇。(十月二十九日)

二更三点入内室,阅王而农先生《通鉴论》数首。(十一月初一日)

……

据说曾国藩听人说起李鸿章晚年住在北平时,每晚必将京报从头至尾细看一遍,方才入睡,且寒暑不问。甚为佩服。因此,每晚他除了处理完官事之后,圈点京报,也成了他的必修功课之一。

左宗棠。在新疆有左公柳、左公渠之称。我曾在新疆一位将军的家里,见过长沙书法家史穆先生的一帧条幅,上书:"大将征西久未还,湖湘子弟满天山。新栽杨柳三千里,惹得春风度玉关。"我想史先生把当年某湘人献给左公的一首诗转赠于这位将军,也算是一种恰到好处的奉承啊。说一则左公少年时北上赴考途中的故事吧。某年秋试,与湘潭欧阳某同舟北上。船行时,左伏几作书,问写什么,他说是与夫人写信。船在某处停泊,左上岸观望,欧阳某翻看他所写的信,其中有云:"一夕泊舟僻处,夜已三鼓,忽水盗十余人,皆明火持刀入仓,以刃启己帐,己则大呼,拔剑起,力与诸贼斗,诸贼皆披靡,退至仓外,己又大呼追之。贼不能支,纷纷逃入水中,颇恨己不习泅,致群盗逸去,不得执而歼旃也。"欧阳见后,感觉大怪。我与他一直在一起,发生这么大的事,我怎么一点都不知道呢?未必是我睡得太死的缘故。于是,他便去问船上其他的人,都说没有的事。这时,左观景归来,欧阳急问之。左笑答:我那写的是做梦啊。欧阳说:做梦,你怎么在家书中不加说明,写得像真有其事一样?左说:你真是呆子。昨晚上我读《后汉书·光武纪》,见其昆阳之战,上书云垂海立,使人精神飞舞。晚上就做了这个梦。因此,我想前人写历史叙战事,大半也和我写这个梦差不多。比如昆阳之战,可能就是光武做了一个像我一样的梦罢了。

王闿运。湘绮楼主,曾任清史馆馆长。幼喜读书,为文章有奇气。年二十,即弃俗学,而专力于古。通《尚书》《毛诗》《春秋公羊传》及《庄子》、《史记》、《汉书》等。曾著《湘军志》、《湘潭志》、《衡山志》、《桂阳志》诸书,被称为杰作。然《湘军志》者,因他与湘军诸将有某些过节,行文之中,有不少偏颇处。有洋务先知之称的郭嵩焘读后,摘出其中谬误百余处,后辑成《湘军志平议》。这也是当年文坛或学界的一段佳话。又,王好诙谐,他主讲长沙某书院时,有浏阳某增生在解释"浏"字时写道:"'浏'与'快'通"。王批曰:"浏与快通,则浏阳可作快阳矣。快阳有此增生也,何患不快中哉?"当然,这似乎有点不厚道。又,某些为师者,只认衣冠不认人。而王却是只认其才,而不认其衣冠。他有三大弟子,一个是木匠,一个是铜匠,一个是镍匠。他在衡州的船山书院主事时,有一个锻工出身的张正阳,在某个月明之夜,看见一树白色的桃花盛开,来了灵感,得句曰:"天上清高月,知无好色心。夭桃今献媚,流盼情何深。"他拿着这首诗,去书院请教王先生。那天正好下雪,他便戴着斗笠穿着木屐。且衣衫不整。到得书院时,又逢王处高朋满座,邑令缙绅咸在。守门者见来者面垢衣敝,便不通报。张说,我拿诗来请教,你为何不通报?守门者不得已,只得为之通报。张进门后,见者嫌其污,谁也不搭理他。王展读其诗,大声称赞。并请张上座。后将张收为弟子。后来张写出《诗经比兴表》、《礼经丧服表》等,王到处向人夸奖,说其发前人所未发也。

　　齐白石。《新唐书》之《李密传》载:(李密)闻包恺在缑山,往从之。以蒲鞯乘牛,挂《汉书》一帙角上,行且读。越国公杨素适见于道,按辔蹑其后,曰'何书生勤于此?'密识素,下拜。问所读,曰:'《项羽传》。'因与语,奇之。"李密将书挂在牛角上,边走边读。后人遂以"书横牛角"、"角挂经"、"书挂(牛)角"、

"牛角之悬"等来形容勤奋读书。齐白石少年家贫,放牛砍柴那是日常功课。他曾在《自述》中写道:"我每回上山,总是带着书本的,除了看牛和照顾我二弟以外,砍柴捡粪,是应做的事,温习旧读的几本书,也成了日常的功课。有一天,尽顾着读书,忘了砍柴,到天黑回家,柴没砍一担,粪也捡得很少,吃完晚饭,我又取笔写字。祖母憋不住了,对我说:'……难道说,你捧着一本书,或是拿着一支笔,就能饱肚子吗?……'我听了祖母的话,知道她老人家是为了家里贫穷,盼望我多费些力气,多帮助些家用,怕我尽顾着读书写字,把家务耽误了。从此,我上山虽依旧带了书去,总把书挂在牛犄角上,等捡足了粪,和满满地砍足了一担柴之后,再取下书来读。我在蒙馆的时候,《论语》没有读完,有不识字的和不明白的地方,常常趁放牛之便,绕道至外祖父那边,去请问他。这样,居然把一部《论语》读完了。"齐白石先生成名之后,专门刻了一方印:"吾幼挂书牛角"。他每每拿起印盖在画作上,便会不由自主地想起年幼时的这段读书生活。

沈从文。沈从文是中国现代文学史上一个不能忽略的大家,他曾经已得到了诺贝尔文学奖的提名,可惜他不久便逝世了,而诺奖是只颁发给在世的作家的。沈从文当年到北京之前是在陈渠珍的部队当一个抄写文件的书记。他觉得像呆在牢笼里,周围充满了腐败和堕落。于是,他决心要走出去,要去北平读书,读大学。然而,理想与现实总是有着很大的距离。到北平后,对于只有高小文化程度的沈从文来说,上大学的梦很快就被打得粉碎。可性格倔强的沈从文是坚定了信心要读书的。开始,他住在一个名叫酉西会馆的地方,每天早上,他吃两个馒头,就一头扎进京师图书馆,直到闭馆才出来。半年后,他又在北京大学的旁边找了一间将煤棚改造而成的屋子,并自嘲地称之为:"窄而霉小斋"。将自己的七尺之躯安顿好以后,他就到北大去当旁听生。他领过国文讲义,也听过历史和哲学等课,还听过日语课。在那么多的教授中,给他留下最深印象的是辜鸿铭先生。后来,沈从文在回忆里写到辜鸿铭当时在北大讲课时的情景:"辜先生穿了件湘色小袖绸袍,戴了顶青缎子加珊瑚顶瓜皮小帽,系了条蓝色腰带。最引人注意的是背后拖着一根细小焦黄辫子。老先生一上堂,满堂学生即哄堂大笑。辜先生即从容不迫地说,你们不要笑我这条小小尾巴,我留下这并不重要,剪下它极容易。至于你们精神上的那根辫子,据我看,想去掉可很不容易。因此,只有少数人继续发笑,多数可就沉默了。这句话给我留下了深刻印象……"沈从文在当旁听生的时候,还曾假装正式的学生去参加过一次考试,不但及格了,还得了三角五分钱的奖金。

还有一个张百熙,实在是不得不提,因为他有着中国"大学之父"的称谓。张百熙是长沙县人。为何称他为"大学之父",因为北京大学的前身"京师大学堂"便是他创办的。其中详情不表。只说他小的时候,与其兄共着一盏灯读书,互相探讨学业,共筑远大理想。后来张百熙在《哭仲兄》里回忆:"吾家世诗书,清白贫亦好。与君少年时,文字共搜讨。澹然轻富贵,亮节持永保。"

四、藏书家、爱书家和播种书香的人

湖南历代藏书大家太多,只说清代,就有安化的陶澍、长沙的叶德辉、善化的唐仲冕、常德的瞿榕、道州的何绍基、湘潭的袁芳瑛、宁乡的黄本骥、衡阳的常大淳、巴陵的方功惠、湘乡的曾国藩、浏阳的刘人熙、益阳的胡林翼……数不胜数。在此,仅以长沙叶德辉为例。2009年,中华书局出版了苏精的《近代藏书三十家》,其中第六家便是《叶德辉观古堂》。叶德辉爱书如命,他的儿子叶启倬曾描绘:"家君每岁归来,必有新刻旧本多橱,充斥廊庑间,检之弥月不能罄;平生好书之癖,虽流离颠沛,固不易其常度也。"至宣统三年,即1911年,叶的书已达四千余部,二十万卷。以后不断增加。到临终前,估计已达三十万卷。在观古堂中,叶认为最珍贵的是宋版的《韦苏州集》,此本为北宋胶泥活字印本,并可能是名家制墨印于著名的"澄心堂纸"上。叶看遍各藏书家的目录,似乎都没有关于这种版本的记载,所以他很自得地说"非止北宋本第一,亦海内藏书第一也。"叶的治学主要以经学、小学为主,所以观古堂中的藏书也以这两类居多。叶的著述极丰。其中目录版本方面印行的有《观古堂藏书目录》《藏书十约》《书林清话》《郋园读书志》,未刊的有《宋元版本考》和《四库全书版本考》等。特别是《藏书十约》和《书林清话》二书,在藏书界的影响极大。时至今日,几乎所有藏书家都会视为经典。著名文艺理论家钱谷融教授曾主编过一套《近人书话系列》,所选者依次为胡适、叶德辉、梁启超、林语堂、周越然、刘半农、顾颉刚、郁达夫、王国维、蔡元培、林琴南、刘师培。他老在其序言中说:"近代学者中,可称以'书话'名家者,有叶德辉、傅增湘、周作人等人。"观古堂位于今长沙芙蓉区苏家巷口,当年号称国内三大私家藏书楼之一。不过,叶的思想守旧,特别是在当年农民运动兴起之时不识时务,因此被杀。他死后,观古堂的书其命运就可想而知。这段故事不是三言两语可以说得清的,对此有兴趣者自会沿着这条线索去探个究竟。

今日真正称得上藏书家的极少,在湖南,如果说要有一个能真正称得上藏书大家的,恐怕非湖南省社科院的何光岳先生莫属。他的学术成就,不是本文范畴,在此从略。何光岳藏书楼位于省社科院的最高处,其地为政府特批。共五层千余平方米,宫殿式蓝琉璃瓦,系何光岳自费前后三年建成。据《何光岳藏书楼藏书目录》介绍:何光岳至今藏书十五万余册,其中明清民国及现代族谱五万五千余册,百分之九十五系孤本,为世界私藏族谱之冠。何爱书成癖,简直到了疯狂的状态。他在其《藏书目录》的自序中说:"我把一生勤俭节约的钱,一切稿费、讲课费、咨询费及工资中的节余(其实,我参加工作57年的工资全部交我妻子用于全家生活费),见好书和我需要的书,不惜重价,购之而以先读书为快,几乎每个星期总要抽空两三次逛书店、书摊,尤其是周末,风雨无阻,必去选购几大纤维袋,高高兴兴回家写日记登书目,每购到好书,往往彻夜不眠,有的当晚看完,还要写笔记摘录,亦为此购书成狂成癖……"他说他无书则寝不安席,食不甘味。他早两年还专门请名家刻了两颗印,一颗"读死书、死读书、读书死";一颗"愿读书百年"。他还说:"我至今坐拥书城,饱读古今中外奇书、好书、美书,往往通宵达旦不眠,其乐非语言文字所能表达。我是世界上最幸福的大老粗,不与世人争名利、争地位、争享受,终日游泳于书海之中,攀登于书山之上……"因为有了这么多的书,也就为他的"中国姓氏源流史"等研究打下了坚实的基础,至今,他已出版了两千多万字的著作,据他说,还有两千多万字待出。他立誓要"成为世界手写史学著作出版发表之最"，从而在世界吉尼斯纪录中占有一席之地。

　　成都的读书大家流沙河先生称自己为职业读书人。中国现代文学版本收藏家龚明德先生称自己为书爱家。而今这"书爱家"便为全国一大批爱书爱到了骨子里的人所欣然接受。湖南有"湖湘四老"之称的彭燕郊、钟叔河、朱正、朱健四位先生，我以为是真正的读书大家。这其中钟叔河先生曾主编过《走向世界丛书》三十余种，钱钟书先生破例主动为序。钟先生还主编过《周作人散文全编》十五卷，并出版了《念楼学短》等书话类的书三十余种。朱正先生系鲁迅研究的专家，也写过《一九五七年的夏季》等有过争议的书；朱健是当年"七月诗派"的老诗人，曾参加过《辞源》的编写。他是过了七十岁才开始写书的。至今已出版了十余本书话类的书。最后再说说彭燕郊先生，因为四老之中，只有他老人家离开了人世。彭老也是七月派的老诗人，而且可以说是中国到了近九十岁还依然写诗，且写得没有一点老态的唯一一位。彭老曾说："爱书的人，对书有着特别的感情。一般人对书，不过是读一读算了，爱书的人却是把书当作不可缺少的恩物，想方设法求书，求得之后，读过之后还要当宝物收藏，成了爱书癖。"他说他自己从小爱书，爱买书，生活里少不了书，所以自己也就早已成癖。我曾写过一篇《彭老淘书》的文章，其中有这么一段："我见过不少老人在书店，那是慢慢地翻着，慢慢地找着，慢慢地看着，能十天半月地买上一本两本，那就已经是非同一般了，而彭老淘书，则一点都没有那种老态。他的兴趣特别广，诗的、美术的、民俗的、翻译的，都是他的最爱。他经常是一包一包，一捆一捆地买，提不动，就打的。有时正好被某个学生辈的看见了,便赶忙地开车把他老和书一道送回家。"

在湖南,还有太多太多的爱书家,因为篇幅的缘故,只好在此从略。

最后再说说播种书香的人。国营的新华书店、出版社暂且不表。只说民间。民间也有许多,比如各个民营书店。民营的实体书店现在是越来越难以支撑了,但依然有不少在坚守,虽然微利,但他们为播种书香,仍不离不弃。在此,我只以长沙的弘道文化为例。弘道的老总叫龙挺,他于1992年开始就在长沙全国著名的书市黄泥街从事书业。正式取名弘道是在1998年。至今已有二十余年的历史。辉煌的时候,长沙几乎所有的大型商店、超市和大学都有弘道的连锁书店。现在,在长沙著名的定王台书市,一楼有其门面,四楼整整一层,都是弘道的图书超市。长沙曾有一本在全国的读书办得很有影响的读书刊物《书人》,便是由弘道文化出资创办,出版十二期后因种种原因移交岳麓书社继续出版。在此引用一段弘道文化十周年专刊《弘道书缘》上龙挺的一段话吧:"优质阅读一直以来是人们的一份精神需求,书业在我看来是那么美,是一份崇高的事业,这始终激励我专注于此,在事业稍有起色之时,我就一直在尝试开一些雅致的书店,期望营造良好的购书环境,读者可以在听着音乐、品茶的同时翻阅喜爱的书籍,包括曾经的弘道阿波罗人文艺术书店、侯家塘的弘道书吧。这样我会很满足很自豪,因为读者在我这里还有个家;我同时又好虚荣,喜欢听读者对好书店的赞美。我曾经失败过,但我从没有放弃对建设理想书店的追求,因为背后是很多爱书人的鼓励和支持……"从龙挺的话中我们是可以看到希望的,不管时代如何地发展,总会有爱书者的一席位置,因为像龙挺这样为播种书香而努力,且真正有着使命感的人还大有人在。

　　再说一个萧金鉴先生吧。著名出版家钟叔河先生说:"世上读书人多,爱书人也不少。爱书不顾身,爱书爱到死的人,在我八十年岁月,上百位朋友中,却只有一个萧金鉴。"老萧当了一辈子编辑记者。退休后因为爱书,便又当上了《书人》的编辑,同时还兼着江西农耕笔庄《文笔》杂志编辑。我曾在《书人老萧》一文中写道:"老萧是一个书迷,而且他这书迷还迷得让人有些不可思议。我曾经听他说过,在河西他一位学生的家中,借了一间房子装书,一麻袋一麻袋的书捆着,堆在那里……后来,听他说又在哪里租了两间房子放书,请广通书局的老总帮他买书架,一买就是二十余个。他有一首关于书的打油诗,很有趣:'昨日去书市,归时懊恼生。遍寻口袋里,不剩半分文。'"这说的是他某次在岳麓山下一旧书店一下买了二十几种书,把身上的钱都掏空了,等到了公交站一摸口袋,真的是一分钱也没有了。无奈,只得打的,归家再付款。钟先生还说,萧在临终前不久,还到了他家,一是请他为其作序,同时,还在为另一位九十多岁的老人的一本书操心。萧逝世后,钟老为其书写序,其中有云:"……这深深感动了我。熟悉的老萧的形象,那手里总是拿着书,衣着总是不讲究,脸上总是带着笑,姿态总是那样低的形象,在我的心中越来越高大起来。"

　　在定王台某旧书店,还有一个叫小萧的店员,也是爱书成痴。他还经营了一家网上书店,叫春雨秋心轩。他在一个阴暗潮湿的五平方米的房子里住了八年,因为爱书,他还在坚持着,年近四十了,至今未婚……还有一个叫丁红波的民营企业的厂长,业余在电大当心理学的老师,也是爱书爱到了极致。他的经济条件较好,家里有个三层楼,从一楼到三楼,包括走廊上都是书。他不是藏书家,而是把自己的家打造成了一个社区的图书馆,免费对周围的爱书者开放。

南宋诗人陆游有诗云:"挥毫当得江山助,不到潇湘岂有诗。"之所以从晚清至民国,曾有"一部中国近代史,半部由湘人写就"之说;之所以钱钟书先生有名言:"中国有三个半人,两广人算一个,浙江人算一个,湖南人算一个,山东人算半个,而湖南人的影响似乎更深远些";之所以是这样,那是因为,湖南这块地方文化的土壤肥沃,从古至今弥漫着的书香使之人杰地灵。现在,一年一度的"三湘读书月"活动又如期而至,可以设想,湖南的冬天也将因了书香的缭绕而变得温情起来。

第二部分　阅读的发展历程与多样化明天

第一章　阅读形态的发展

　　早期人类获得知识最主要的途径是记忆,靠口耳相传了解历史。从结绳到刻木,到图画,再到文字,有了文字符号才有了阅读的可能性,文字的发明拓宽了知识的传播方式。最初的阅读是为了进行辨认和习记,人们将各种认识成果形成文字符号。作为一种文化现象和人类行为,阅读伴随文字符号的产生出现,自人类文字符号出现阅读就已经客观存在。①

　　阅读是一种从文字符号中获得意义的社会行为、实践活动和心理过程,是读者与文本相互影响的过程。王余光在《中国阅读文化史论》中认为阅读的概念包含以下四层含义:第一,阅读是人类的一种认识过程。人们通过阅读受到文本的影响,对于文本的不同解释也影响人们对文本的认识和理解。第二,阅读是一种普遍的文化现象。阅读是人们获得知识的重要途径,

---

　　①　王余光等:《中国阅读文化史论》,北京图书馆出版社 2007 年版,第 4 页。

阅读是一种不受时间与地域限制的被人们接受的行为方式。第三,阅读是知识的传承和文化的延续。图书流传形成了人类文化的储存功能,为人类文化的继承和创造提供条件。第四,阅读是人生的一部分。阅读使人们的生活更丰富,更充实,也更快乐,阅读是一种享受。王余光还认为,阅读习惯是在阅读实践中养成的,在一定情况下自动地进行有关阅读操作的倾向。阅读习惯包含两层含义,一是读者在一定时期的阅读行为趋向;二是在一定时期内读者对文本认识的普遍现象。所以,阅读习惯的形成与变化,受到社会政治、经济、科技、教育、社会风尚等多元因素的影响与制约。①

一、文本形态变迁与社会阅读

(一)中国古代文本载体变迁与社会阅读

在纸出现之前,我国有一两千年有文字记载的历史,将古代文字书写材料纵向排序为:甲骨、青铜器、石头、竹木和缣帛,其中甲骨文只是占卜的记录,而金文只是青铜器的铭文,它们都属于有固定用途的器物,所以无论甲骨还是金文都不能叫作"书",不属于书的范畴,它们只是文字的载体,我国古代最早的专用文字书写材料一直是竹木简牍,约在春秋时期书籍才正式出现。②

1.作为文字载体的甲骨与青铜器

甲骨是现存最早的文字载体,距今已经有三千年的历史,被

---

① 王余光等:《中国阅读文化史论》,北京图书馆出版社 2007 年版,第 14 页。

② 王玉良:《略谈我国古代文字的载体及书籍的起源》,《中国图书馆学报》第 19 卷第 86 期,1993 年 4 月。

刻在甲骨上的文字被称为甲骨文。商代晚期，王室、贵族和其他商人在龟甲、兽骨等材料上记录与占卜有关的文字。1899 年秋，山东潍坊的古董商范寿轩带着一些沾满泥土的刻有文字的龟甲和兽骨到北京求销、求售与当时的国子监祭酒金石学家王懿荣……。①

　　甲骨文出现时期的社会生产力水平低下，人们对周围发生的一切现象无法解释，自然界的风雨雷电、草木荣枯、水火灾异，以及人类社会中的生老病死都使人们充满恐惧。人们相信"万物有灵"，他们的生活被超自然的外在力量所左右。为了平安生活，当时的人们频繁进行占卜活动，如祭祀、征伐、收成、疾病、人事等，都在甲骨文中有所反映。甲骨成为记录当时生活与沟通天人意识的载体。不同类型的鹿的头骨、肩胛骨和肋骨，羊、猪、马的肩胛骨，牛的头骨、肩胛骨、肱骨、肋骨等都被使用。②1917 年王国维写了《殷卜辞中所见先公先王考》及《续考》，证明《史记·殷本纪》与《世本》所载殷王世系几乎皆可由卜辞资料印证，殷墟甲骨文将大量商人亲手书写和契刻的文字展现出来，使商史与传说时代分离，进入历史时代。③

　　大约从周代后期开始，青铜器开始成为重要的文字载体。我国古代用铜锡合金铸造青铜器，一直沿用到西汉。根据用途的不同分为不同种类：礼器、乐器、兵器、食器以及其他日用器

　　①　朱凤瀚：《近百年来的殷墟甲骨文研究》，《历史研究》1997 年第 1 期。
　　②　张秉权：《甲骨文的发现与骨卜习惯的考证》，《中研院历史语言研究所集刊论文类编·语言文字编·文字卷》，中华书局 2009 年版，第 1374 页。转引自王成伟：《先秦秦汉时期汉字形体演变及其应用的研究——以文字载体与使用场合的转变为视角》，复旦大学硕士论文，2011 年 5 月 17 日。
　　③　朱凤瀚：《近百年来的殷墟甲骨文研究》，《历史研究》1997 年第 1 期。

材,都是王室贵族的使用器皿。大型的钟、鼎是奴隶主统治者的"重器",通常用于国家大典和祭祀活动。从商代中期以后,开始在器上铸刻纪念性铭文或徽号,以传后世子孙,周代的青铜器上出现歌功颂德的长篇铭文①。

2.作为书写材料的竹简与缣帛

我国古代在使用缣帛和纸以前,广泛将竹木作为书写材料。上古时代只有少数官吏掌管文书档册,他们随时需要记载帝王言行和行政公务,用笔随手书写在竹木简牍上甚为方便。随着记录范围的扩大与记载事物的复杂,由使用单根的简札发展到使用较为宽大的方版。这种宽大的材料不仅能够书写较长的文章,还可以用作谱牒与绘图之用。随着文书资料的积累编纂成系统的著作,于是产生了最早的简册书籍。依据其用途与形制的不同,主要有:简、册、籍、簿、符、札、牒、牍、版、方、榜等称谓②。

在简牍盛行的时期,由于简牍的携带不便与阅读困难,写在丝织品上的书籍开始出现。这种书写丝织品叫"帛"或"缣",这种书叫作"帛书"或"缣书",也称之为"素"。"帛"作为一般丝织品的称呼,最初见于甲骨文。先秦丝织品种类较多,可供书写的种类中,由生丝制成不经漂白的称为"素",由生丝制成轻薄如纱的称为"绢",用双丝织成色黄的是"缣"。缣帛容量大、体积小、轻柔、便于折叠与携带的特点弥补了竹木简牍笨重的缺点,但由于是丝织品,制造成本较高,非寻常人家能够制备的书

---

① 王玉良:《略谈我国古代文字的载体及书籍的起源》,《中国图书馆学报》第19卷第86期,1993年4月。

② 王玉良:《略谈我国古代文字的载体及书籍的起源》,《中国图书馆学报》第19卷第86期,1993年4月。

写材料。

3.纸版书籍的正式出现与社会阅读

许慎在《说文解字》中说最早的纸是用丝质纤维制造,作为丝帛的副产品。由于蚕丝原料昂贵,这种纸的产量有限只能供给宫廷使用。桑麻替代蚕丝成为造纸的主要原料是造纸的初步突破。东汉时期(约公元2世纪初),蔡伦和有关工匠在前人造纸经验的基础上,以树皮、麻绳、破布等为材料,以沤、捣、抄一套工艺技术,对造纸技术进行改进。① 这一方法使造纸原料来源扩大,成本降低,为纸的普及使用创造了前提。在公元2世纪至3世纪,简牍与帛纸同时使用。魏晋以后纸制书才日益增多。东晋末年,桓玄在建康自立称楚帝,下令:"古无纸,故用简,非主于敬也。今诸用简者,皆以黄纸代之。"②这一法令标志着简帛时代的结束。纸质书出现以后,人类知识与文明得以妥善保存、有效积累、以及迅速的传播。在此以前,由于书籍的制作比较复杂,书籍仅是在社会阶层的上层中流通,知识的传承主要采用师徒间口耳相传的方式。这一时期书籍的所有者主要是统治者与为统治者服务的少数政治家、思想家、教育家和史官。但是纸张的普及与应用改变了这一状况,书籍大量出现,知识在更广范围的人群间传播。

魏晋南北朝时期,大量阅读虽尚难以普及,但藏书已经不再是贵族高官的专利,贫寒之家也可以藏书。《晋书·张华传》提

---

① 孙顺华:《中国文字载体的演变及其规律》,《东方论坛》2004年第6期。

② 转引自孙顺华:《中国文字载体的演变及其规律》,《东方论坛》2004年第6期。

到:华"少孤贫,自牧羊","博爱书籍,身死之日,家无余财,惟有文史溢于机箧"。《晋书·皇甫谧传》记载:"居贫,躬自稼穑,带经而农……以著书为务。"梁代王僧孺同样出身贫寒,但是"聚书至万余卷,率多异本。"从社会观念的角度讲藏书已经成为魏晋南北朝时期的一种普遍的社会风气,①显示这段历史时期已经形成重视阅读的社会风气。

4.雕版印刷的应用与隋唐五代的图书需求

隋唐时期,正是人们对宗教经卷、农业历书、以及科举应试儒家经典需求激增的时期,推动了雕版印刷技术的应用与推广。造纸术、印章术、摹拓术和制墨术等是印刷技术产生的技术条件,这些条件在唐代以前就已经基本成熟,但是雕版印刷技术却是到了隋唐时期才逐渐应用于复制书籍,这与当时的社会、经济、文化有关②。

宗教传播对经卷的需求

佛教最初从印度和西域传入中土只是士大夫阶层的信仰,但是随着隋文帝统一中国后大兴佛教与道教,印度佛经大量输入中土。唐朝时期官方对宗教采取的政策更为宽容,儒教、佛教、道教都得到了自由发展。特别是佛教,经过太宗、武后等人的提倡,达到一个鼎盛时期,全国上下开始狂热地信奉佛教,佛教信仰逐渐走向庶民化。除寺院内的弘法宣教活动外,面向信徒的佛教书籍是宣传佛法精神的另一个重要形式。佛教在佛经

---

① 邓雪峰:《魏晋南北朝的社会藏书风尚与文化发展》,《前沿》2012年第18期,总第320期。

② 贺然:《隋唐五代时期的图书需求与雕版印刷技术的应用》,《兰台世界》2011年5月上。

诵读方面看中"反复诵读"与"抄写佛经",以达到积累善根与消灾纳福的期许,所以僧侣和信众对佛教书籍的需求量大增。①人们对大量佛教经书的需求与手抄的书籍复制方式之间就存在一种矛盾,而这种矛盾促成了雕版印刷在复制书籍方面的应用。

农业生产对历书的需求

在农耕社会,农业生产不仅仅依靠口耳相传的生产生活经验,自然法则也很受重视。古代历法包含推算朔望、二十四节气、安置闰月及日月食与行星位置的计算。涉及农业生产和农民生活所必须遵循的节气更是人们日常生活中不可或缺的准则。传统的传抄方法已经不再能够满足人们对历书需求的增长,雕版印刷在这一时期被应用到历书的复制中。②

科举应试对儒家典籍的需求

科举文化对隋唐五代时期的图书类型、图书复制技术、以及图书贸易,都产生了广泛而深远的影响。③ 科举制度,确立于隋朝大业年间,唐承隋制,科举制度使身处乡野的知识分子看到了读书入仕的希望,阅读儒家典籍应试科举成为当时的社会风气。晚唐至五代时期,儒家典籍一直没有成为雕版印刷的对象。大和七年至开成二年唐文宗在长安刊刻石经,作为经书的标准文本,被称为"开成石经"。但是依照国家规范手抄文本费时费力,外加交通不便。五代时期沿袭唐朝的制度,尽管社会动荡朝

---

① 贺然:《隋唐五代时期的图书需求与雕版印刷技术的应用》,《兰台世界》2011 年 5 月上。

② 坤文:《岁末话历书》,《人民日报》(海外版)2000 年 12 月 21 日。

③ 孔正毅:《科举制度与隋唐五代的图书出版事业》,《出版发行研究》2006 年第 12 期。

代更迭频繁,但是科举考试并未中断,社会对儒家典籍的需求也未曾停止。正是在社会对经书标准文本的需求和民间兴起的地方私自印刷事业的促进下,后唐宰相冯道等人向统治者提出改革图书复制技术,雕版复制儒家经典的奏请。《五代会要》中记载,后堂长兴三年二月,政府批准中书门下关于依《石经》文字刻《九经》印版的奏请。① 当时计划刻印的九种经书为《易》、《书》、《诗》、《周礼》、《仪礼》、《礼记》、《春秋左氏传》、《春秋公羊传》、《春秋谷梁传》,以《开成石经》为底本进行校刻。这次对儒家经典的刻印为广泛统一的传印提供了范本,便于更广范围的传播。由上可以看出,隋唐五代时期,书籍对社会生活产生越来越重要的影响,而社会对书籍的需求也越发强烈与多元。

5.宋朝繁荣的日常读物与社会阅读

宋朝经济的发展与商业的勃兴为印刷业的发展奠定了基础,雕版印刷的广泛使用与活字印刷的发明与应用,在降低了书籍印刷成本的同时也提高了书籍的流通速度,为书籍由社会上层向社会下层的普及与传播提供了前提。② 宋代有重文教的社会风气,书籍的普遍流通与士人的倡导推动了社会阅读的多元性、自主选择性及持续性。特别值得注意的是,宋朝很多士人公开提倡女性读书,这为女性阅读提供了社会舆论支持③。普通的中产家庭的女性也能在父辈兄长的熏陶下阅读书籍,这一时

---

　　① 　贺然:《隋唐五代时期的图书需求与雕版印刷技术的应用》,《兰台世界》2011 年 5 月上。

　　② 　铁爱华:《宋代社会的女性阅读——以墓志为中心的考察》,《晋阳学刊》2005 年第 5 期。

　　③ 　铁爱华:《宋代社会的女性阅读——以墓志为中心的考察》,《晋阳学刊》2005 年第 5 期。

期有读书条件的家庭大都重视女子的教育。谢氏家族"教子弟以经术,教诸女亦如之,凡诗书礼义,古今义妇烈女,有见于传记者,必使之习读,通其义"。宋代还出现了女童子应举,"春熙元年夏,女童林幼玉求试,中书后省挑试,所诵经书四十三件并通,四月辛酉,诏特封孺人"。而在阅读的内容上看,根据铁爱华从大量宋人文集中抽样 206 例女性阅读者的墓志资料研究来看,宋朝女性阅读的书籍内容广泛,涵盖了儒家经典、佛道经典、女教典籍、家训、史书、音乐、诸子小说等方面的内容。由女性阅读内容可以看到,在宋朝日常读物呈现出一派繁华景象,人们的阅读涉猎广泛。

6.明清的书籍发展与社会阅读

明清时期,书籍的发展进入到又一高峰。书坊业的发达成为这一时期的主要特色。明清的书坊业在书籍传播的各个环节都发挥了重要的作用,单就销售环节,书坊就发挥着决定性的作用。明清书坊业,采用书店销售、书市书摊销售、长途贩卖以及送书上门等多种方式[1]。书坊最常用与最主要的销售方式是坐店销售式,明代时期,杭州的书坊多集中在镇海楼外、涌金门外、弼教坊、清河坊四大街;明朝的南京,书坊主要集中在三山街和贡院附近。清朝时期,苏州除阊门外,护龙街与玄妙观一带也成了书坊、书肆的集中地;清朝时南京出现了状元境、夫子庙与花牌坊德国书坊、书街,这些书坊闻名全国。[2] 当时有的书坊已经采取长途贩卖的方式售书。例如,苏州人陶正祥,在北京的琉璃

---

① 谢君:《明清书坊业与通俗小说销售》,《江汉学术》2013 年第 1 期。
② 谢君:《明清书坊业与通俗小说销售》,《江汉学术》2013 年第 1 期。

厂附近开设有五柳居书坊,每年从苏州贩书到北京出售。清朝张鉴曾提到"吾湖固多贾客。织里一乡,居者皆以佣书为业。出则扁舟孤棹,举凡平江近数百里之间,简籍不胫而走。"①在清朝时期,一些书坊已经采用了送书上门的销售方式,主要是针对各大藏书家,推销古本、珍本等。② 这些长途贩卖的销售方式,有利于将各地书坊的书籍疏散到全国各地,对各类书籍的传播意义重大。

(二)民国时期的丛书出版与社会阅读

民国是一个新旧知识、方法、观念更替与变革的时期,随着1911 年清朝帝国体制的终结与中国古典教育传统的破裂,我国社会原有的整体性开始丧失,西方的现代知识体系开始植入,③伴随着这种变革的进程,在知识领域中阅读对象和阅读内容也发生了重大的变化。

民国时期,与启迪民智救亡图存的社会主导思想相适应的出版物,覆盖于整个公共领域的图书、报纸、杂志,一批专门性的读书类书刊涌现。根据许欢在文章《民国时期读书类出版物与传播形式的多样性》中的统计,民国时期,仅与读书指导密切相关的刊物包括出版类、教育类、图书馆学类、文化类刊物过百种,以阅读为名的专业性读书杂志近乎 30 种,这些阅读指导刊物的目标对象是青少年和学生,以介绍文艺、生活及科学常识为主要内容,内容涉及阅读思想、阅读方法、阅读经验、时事论述与学术

---

① 谢君:《明清书坊业与通俗小说销售》,《江汉学术》2013 年第 1 期。

② 谢君:《明清书坊业与通俗小说销售》,《江汉学术》2013 年第 1 期。

③ 许欢:《民国时期读书类出版物与传播形式的多样性》,《图书馆杂志》2009 年第 3 期。

理论的研究和探讨。另外,这一时期的阅读方法指导书籍出版物出现了古代书籍阅读方法与现代书刊阅读方法的分化。古代书籍阅读指导更多基于个人读书经验分享与介绍古代书籍。现代书刊的阅读方面,则出现了根据不同媒介形态介绍图书、报纸、杂志的不同特点方法与经验的书籍,与根据现代学科门类划分学习方法的读物。蔡元培、胡适、鲁迅、王五云等人的阅读经验与心得经常被不同的书刊编辑选录,这一时期还出现了从西方引进的系统的理论化的现代阅读方法介绍的书籍。①

  与过去相比,民国时期的教育有很大的发展,②这能够在一定程度上解释这一时期社会对阅读指导类书籍的强烈需求。高等教育方面,民国成立后教育部先后颁布《大学令》、《大学规程》与《新学制》等促进高等教育的发展,尤其1922年公布的《新学制》放松了大学设立的要求。1921年至1926年期间,公立学校从13所增加到51所,到1936年全国大学包括独立学院与专科学校约有108所,研究所22个,系619个;在校学生41923人,毕业生9154人,以后逐年有增加。③普通教育方面,由于当时教育界与科技文化界普遍认为,普及科学文化知识与提高全民族素质是国家富强的必要条件,教育界有"平民教育思潮",民国时期针对民众普及教育的丛书数量巨大。蔡元培曾根据在法国兴办华工学校的经验与胡适、沈尹默、马裕藻、丁绪贤等人发起编印《常识丛书》,使国内年长失学者,均有补习

① 许欢:《民国时期读书类出版物与传播形式的多样性》,《图书馆杂志》2009年第3期。
② 贾鸿雁:《民国教育丛书出版述略》,《图书馆杂志》2002年第4期。
③ 贾鸿雁:《民国教育丛书出版述略》,《图书馆杂志》2002年第4期。

常识的机会。商务印书馆曾比较系统地编印过各科入门小丛书。另外,民国处于世事多变的时代,国内国外局势复杂,为满足人们了解时局的需要,引导民众行为,时事教育丛书在当时也比较多。

（三）建国后的社会变迁与社会阅读

1. 50年代至70年代末的社会气氛与阅读

20世纪50年代的阅读明显被印上了政治的烙印,①阅读内容主要是马列理论著作、红色题材作品、以及苏联文学。马列理论方面,有统计数字显示,1949年到1956年,马克思、恩格斯、列宁和斯大林的著作出版了241种,印刷2700多万册;毛泽东著作共出版了48种,印刷了6200多万册。② 红色主题方面,这一时期新出版于再版的以土改和革命为题材的作品传播广泛。例如,《暴风骤雨》、《太阳照在桑干河上》、《白毛女》、《保卫延安》、《青春之歌》等作品受到读者的喜爱,在民间广为流传。当时,《红岩》发行了712万册,《保卫延安》发行了238册,《红旗谱》发行了217万册,《红日》、《红旗谱》与《青春之歌》等作品几乎人手一本。③ 20世纪50年代苏联文学在中国的传播达到一个高潮,1950年新翻译出版的苏俄文学约有38种,再版重印的就更多,五四时期苏联文学只是外来文学中很小的一部分,

---

① 徐雁、童翠萍:《中国当代阅读史》(1949—2009),《图书馆杂志》2009年第9期。

② 转引自徐雁、童翠萍:《中国当代阅读史》(1949—2009),《图书馆杂志》2009年第9期。

③ 徐雁、童翠萍:《中国当代阅读史》(1949—2009),《图书馆杂志》2009年第9期。

而到了 50 年代苏联文学几乎成为外来文学的唯一类别。① 直
到 20 世纪 50 年代后期,苏共二十大之后,中苏关系出现裂痕,
国内对苏联文学著作的引进急速减少。

"文革"十年是一个既是无书可读又暗流涌动的年代,②
1966 年 8 月 8 日,新华社发布《中共中央决定大量出版毛泽东
著作》的消息,要求全国出版社在 1966 年与 1967 年间印刷
3500 万部《毛泽东选集》的计划。在 1966 年至 1967 年间,全国
的新华书店除毛泽东像、毛泽东著作、各种开本的语录和文件以
外,极少有其他书籍。③ 1966 年开始"破四旧"运动,到"文革"
结束,全国 1100 处县级或县级以上的图书馆关闭,大量书籍被
毁,仅在辽宁、河南、江西、贵州五省就有 700 多万册图书遗失或
损坏。

但是,在这段时期的主流背后,还暗藏着一股阅读潜流——
仍坚持阅读的知青群体。④ 例如,北京大学教授陈平原说:"出
生在教师之家,家里有不少藏书,可以自己读。父母都教语文,
'文革'中被打倒,但是藏书没有多少损失,先是被封存,后跟着
我们到了乡下"。⑤ 武汉大学哲学系教授邓晓芒回忆在插队时

① 徐雁、童翠萍:《中国当代阅读史》(1949—2009),《图书馆杂志》2009
年第 9 期。
② 徐雁、童翠萍:《中国当代阅读史》(1949—2009),《图书馆杂志》2009
年第 9 期。
③ 徐雁、童翠萍:《中国当代阅读史》(1949—2009),《图书馆杂志》2009
年第 9 期。
④ 徐雁、童翠萍:《中国当代阅读史》(1949—2009),《图书馆杂志》2009
年第 9 期。
⑤ 转引自徐雁、童翠萍:《中国当代阅读史》(1949—2009),《图书馆杂
志》2009 年第 9 期。

的读书生涯:"在老家农村的三年中,我彻底静下心来读了一些哲学书,包括西方哲学原著"。① 70 年代末,随着"文化大革命"的结束,长期被压抑的读书热情终于等到了宣泄的口子。1977 年恢复高考,不少昔日的知青成为大学生,1978 年部分名著解禁,国家出版局决定重印 35 种中外文学名著,每种平均印刷四五十万册,并于当年的 5 月 1 日统一分配发行。1979 年《读书》杂志复刊,第一期第一篇文章题名为"读书无禁区"。②

　　2. 80 年代的时代特征与社会阅读

　　雷颐在文章《一个时代的阅读史》中提到:1978 年"思想解放"运动已经发端,到 80 年代已经形成大潮,"文化大革命"以前的书很快全部解禁了,新书很多,尤其是翻译的著作越来越多。查建英在《八十年代访谈录》中用"激情"、"反叛"、"浪漫"、"理想主义"、"疯狂"、"文化"、"启蒙"概括 80 年代的气质特征,用这些词描述 20 世纪 80 年代的读书生活也是恰如其分的。③ 王洪波写道:"20 世纪 80 年代初是一个拨乱反正、思想解放的年代",在很多人的记忆里这是一个解放的时代,是人的解放,人的自我意识的觉醒。20 世纪 80 年代,人们关注的是个人的主体性、"个人价值"及"个人的选择"。甘阳翻译的《人伦》出版后一年内印刷了 20 多万册。

----

　　① 转引自徐雁、童翠萍:《中国当代阅读史》(1949—2009),《图书馆杂志》2009 年第 9 期。

　　② 转引自徐雁、童翠萍:《中国当代阅读史》(1949—2009),《图书馆杂志》2009 年第 9 期。

　　③ 王洪波:《30 年阅读史:社会变迁的一面镜子》,《编辑之友》2008 年第6 期。

从 1978 年到整个 80 年代，"以经济建设为中心"与"改革
开放"是这个时代的最强音。① 雷颐提到，在改革初期的中国，
关于南斯拉夫社会主义实践的著作成为热门读物，接着，多家出
版社共同推出"现代外国政治学术著作选译"丛书，这套丛书使
人对欧洲共产主义、布拉格之春、斯大林时代、布哈林理论等有
了系统的了解。当时最具代表性并影响整个 80 年代中国经济
学的是匈牙利经济学家科尔奈，他的"短缺经济学"成为当时中
国经济学的口头禅。② 随着社会转型的深入，关于社会思想的
著作开始受到重视。80 年代韦伯的《新教伦理与资本主义精
神》等著作成为热点读物。"法兰克福学派"也在这个时期被大
规模引入，《单向度的人》、《爱欲与文明》、《逃避自由》等都是
畅销书。这一时期哲学界发生了一些变化，一些年轻学者开始
直接翻译介绍现代西方的思想观念。③ 80 年代初期完整的译作
不多，青年对萨特的着迷曾令有关部门担心不已，萨特对"人"
是"存在先于本质"的阐发把人的个性张扬到极致，引起曾经个
性完全泯灭的那一代青年深深的共鸣。④ 在萨特之后，弗洛伊
德、尼采、海德格尔、维特根斯坦等人的作品成为青年的阅读内
容。例如，《读书》杂志发表了大量介绍西方思想的文章；金观
涛等编的"走向未来丛书"（四川人民出版社），几乎每本都印刷
10 万册以上；甘阳等编的"文化：中国与世界丛书"（三联书

---

①　雷颐：《一个时代的阅读史》，《经济观察报》2010 年 7 月 12 日。

②　雷颐：《一个时代的阅读史》，《经济观察报》2010 年 7 月 12 日。

③　王洪波：《30 年阅读史：社会变迁的一面镜子》，《编辑之友》2008 年第
6 期。

④　雷颐：《一个时代的阅读史》，《经济观察报》2010 年 7 月 12 日。

店），介绍了尼采的《悲剧的诞生》、海德格尔的《存在与时间》、萨特的《存在与虚无》、本雅明的《发达资本主义时代的抒情诗人》等。这一时期，各种各样的理论思想先后登场，各领风骚，令读书人为之疯狂。①

对于普罗大众来讲，80 年代另一个特征是流行文化初成气候。80 年代港台文化进入内地，港台流行音乐、影视剧、武侠小说、言情小说进入人们的视野，金庸、三毛成为内地的文化明星。对于 80 年代的流行文化的兴起，张颐武认为，大众文化与精英文化混在一起，让人们从过去计划经济中比较压抑人的个性的氛围中挣脱出来，实现个人的解放。

3. 90 年代以来的大众文化与社会阅读

韦普尔斯（Bernard）、贝雷尔松（Berelson）与布兰德·肖（Franklyn R. Bradshaw）在其 1940 年由芝加哥大学出版的著作《阅读对人们起了什么作用》中，从社会与政治环境视角分析了影响阅读的主要因素。他们认为社会环境、图书发行的方法、不同出版物的差异、读者的不同阅读趋向及其他传播的影响，是影响阅读的五个主要因素。② 第一，社会习俗、群体冲突和个人情况，能够解释不同群体存在的阅读需求和实际阅读之间的差异；第二，图书发行的方法，可以解释在不同群体间存在的阅读需求与实际阅读之间的差异；第三，不同出版物本身的差异解释了一些出版物比另一些出版物更有影响力的原因；第四，读者不同的

---

① 王洪波：《30 年阅读史：社会变迁的一面镜子》，《编辑之友》2008 年第 6 期。

② 汪琴：《论读者的群体意识对阅读的影响》，见王余光等：《中国阅读文化史论》，北京图书馆出版社 2007 年版，第 104 页。

倾向解释了为什么同一出版物能够激励一个读者,却引起另一个读者谴责,同时被第三个人忽视;第五,广播、电影、公共演说等私人的谈话能够加强或减弱阅读的影响。

　　20世纪90年代中国社会发生了深刻的变化,市场经济体制逐步确立,经商热取代文化热成为社会的核心风气,人们的阅读倾向也发生了改变。这一时期,阅读更多地受到市场的支配,追求实用,追逐流行成为大多数人的阅读生活写照。与此同时,90年代的阅读生活也发生了分化,一是知识界与大众日益分离,大众内部也出现了分层;二是知识界内部同样发生了分化,90年代中期知识开始科学化与规范化。知识界的共识日益分裂为不同的圈子,不时爆发各式争论。另外,与80年代不同,90年代的阅读生活出现大众阅读日益走向实用与消遣的趋势,实用性书籍取代人文书籍成为人们选择的主流。① 李华颖以作为大众文化表征的"畅销书现象"为研究对象,描述了从1990年至2007年18年的畅销书发展轨迹和脉络,解读了畅销书的发展反映的社会文化变迁。李华颖的研究发现:畅销书的发现呈现出逐步"去文学性"的趋势,从"文学转向"到"文化转向";畅销书逐步向功利化、实用化和消遣娱乐化的方向发展;畅销书的类别指标、作者职业指标、以及版权指标,都反映出畅销书由一体化走向多元化的趋势。李华颖认为,畅销书现象呈现出的结果是五个方面因素的综合结果,宏观经济因素是根本性的影响因素,大众文化语境下的畅销书本身就是市场经济的一个产物,

---

　　① 王洪波:《30年阅读史:社会变迁的一面镜子》,《编辑之友》2008年第6期。

是经济基础在文化领域的一个反映；文化因素方面，文化复调时代，主导文化的引导与多种文化形式的多元渗透。畅销书现象展示了大众文化，及与大众文化息息相关的精英文化，以及民间文化等，这些文化与大众文化互相影响与渗透。全球化因素方面，伴随着经济文化的全球化浪潮，西方文化大量涌入，畅销书的发展反映了这一潮流。大众传媒方面，日益发达的大众传媒为畅销书的市场化贡献了很大的作用。大众传媒在技术上的变革，为畅销书的营销推广提供了新的途径。同时，是大众传媒的产业化，将畅销书真正地推到社会大众的面前。社会心理方面，大众文化的需求，受众的需求由理性沉思向感性愉悦，由终极关怀到功利实用。

近十年来图书市场出现一个明显的趋势是文本的通俗化，一些出版社对图书进行改变以适应人们的实用性需求。这体现在：第一，出版名著通俗本，一时间各种古典名著的白话本、注解本、普及本的大量出版。第二，对图书内容的缩减。第三，缩小开本，推出图书的"口袋本"。这种实用性的需求还体现在财经、励志图书的畅销方面，改变以往以枯燥说理的叙述方式，是理论性书籍的一个休闲型处理，体现了休闲和求知在阅读层面的结合。① 还表现在图文书的流行，近十年来出版界出现图文书兴起的现象，漫画、卡通、大型画册、少儿类图书中图文本越来越多，一贯采用纯文字版的学术类图书也越来越多地采用了图文本。

---

① 王余光等：《中国阅读文化史论》，北京图书馆出版社2007年版，第16页。

（四）湖南阅读的变迁与发展

1.古代的湖南阅读

湖南地区的社会文化发展,在一定程度上能够反映该地区的社会阅读情况。楚国入湘以前,湖南是越人和蛮、濮等民族的居住地,春秋战国时期,楚人、巴人等楚国民族相继进入湘地境内,并逐渐成为其主体民族。春秋以前,湖南的土著居民还不曾掌握与使用文字,楚人入湘后,湖南的土著居民开始逐渐学习由楚国输入的文字,楚人给湖南带来了中原的文献典籍,刻在青铜器上及书写于简牍和帛书上的文献典籍在湘地境内流传开来。①

从秦汉到魏晋,湘地经历了一个漫长的楚文化与中原文化逐渐走向融合的过程。自秦朝统一六国后,国家统一的民族文化开始逐步形成,湘地成为秦朝统一多民族国家的一部分,本地文化与整个国家的文化逐渐走向融合。由于战乱与天灾的频繁发生,北方与中原地区的人口大规模南迁,湘地境内汉族人逐渐融入并成为本地民族的主体。秦朝时期,湖南地区的人口不足50万,到西汉元始元年(公元1年)达到51万,到东汉永和五年(公元140年),湖南地区人口增长到281万。到东汉时期,黄老之学已经在湘地比较流行,马王堆汉墓出土的大批医学帛书、天文学专著以及大量帛画。这表明,在这一历史时期,帛书是湖南地区主要的阅读载体。限于当时的生产力水平,这些书籍读物仍然仅是社会上层群体占有或流传。

---

①　周秋光:《古代湖湘文化的形成与历史演变》,《湖南省社会主义学院学报》2009年第1期。

　　魏晋南北朝是早期中国封建社会的巅峰时期,其中一个表现是世家豪族为代表的封建土地所有制和封建庄园经济的充分发展,在湖南地区同样出现了一些世家豪族,当时世家豪族的清谈玄学之风在湖南盛极一时。社会中"老庄"和清谈玄学风气盛行,与之相近的道教在湖南得到广泛传播。当时,道教的主要据点在南岳麓山,衡山有祝融峰的南岳观,其他地方有巴陵的青霞馆,醴陵的登真观等。佛教于魏晋时期传入湖南,最早的佛教寺庙是建于西晋初年的麓山寺,之后有巴陵君山寺、圆通寺、桃源净照寺等一批寺院出现。随着造纸业的发展,这一时期宣传宗教思想的经文典籍得到印刷,并在信徒中传播,这是在以往朝代的湖南未曾出现的境况。

　　从东汉末年开始,湖南将近300年处于与中原脱离的分裂割据时期,从秦汉到魏晋,湖南的文化学术发展在全国范围内处于不高的水平,这反映出这段时期湖南地区的民众阅读水平也处在较低的程度。西汉出书282种,湖南仅占1种;东汉出书568种,湖南占2种;《后汉书》列传中士人990人,湖南4人;东汉私家教授213名,湖南1名;东汉三公九卿302人,湖南有三公2人;三国时期,《三国志》列传中士人625人,湖南9人;西晋出书649种,湖南1种;《晋书》列传士人中,湖南16人;南朝时期的《宋书》、《齐书》、《梁书》中列传人物,湖南人物分别只有一个。

　　隋唐时期国家由分裂重新走上统一,湖南与中原的联系比以往更加紧密,与魏晋南北朝时相比,从唐中期开始的湖南文化有所改观。但是与中原文化相比,地位还是较低,还被当时的中原认为是一个未完全汉化的地方。学者们认为,湖南政治经济中心——长沙的确立是发生这一改观的重要原因。唐朝初期，现在的湖南地区属于江南道，到了唐宗广德二年之后，湖南地区才大致成为一个独立的行政管理辖区，设置湖南观察使，领衡、潭、邵、永、道五洲，长沙逐渐成为政治经济中心。五代时，在长沙聚集了一批文人，如邓洵美、韦鼎、狄焕、廖昌图、廖凝等人，这些人对振起湖南地区的文风起了重要作用。唐宣宗大中四年（公元850年），长沙人刘蜕成为湖南的第一位进士，此后唐代湖南共出9名进士，主要出于后期。

　　两宋时期是湖南阅读发展的一个重要阶段，这一方面体现在湖南文化取得的进展；另一方面表现在两宋时期学校教育和书院的大发展。这一时期湖南在文化上，除了出现了儒、释、道"三教合一"的湖湘学派，还在经学、史学、地学、文学、艺术、医学及考据学等方面有所发展。唐末五代时期，马殷建立楚国割据五十年，为湖南的区域性开发奠定了良好的基础。南宋迁都杭州，国界线南移，湖南成为边防重镇的腹地之一。两宋时期，湖南的经济发展比以前历朝都突出，这为湖南的文化发展提供了物质前提。教育发展受到重视，学校教育与书院广泛兴起。南宋时期，湖南大多数州县都已经建立学宫，湖南全境有书院51个，分布在近30个县内，著名的有长沙的岳麓书院、衡阳的石鼓书院、湘潭的碧泉书院等。这一时期大量书院的建立为本地培养了更多的知识分子，有利于治学理念与阅读思想的传播与发展，也有利于在社会中形成积极的阅读风尚。

　　创办书院与学宫是反映政府对社会阅读重视程度的一个有效指标，封建社会百姓对科举考试的态度反映了民众的阅读内容倾向。元代湖南的教育与人才的培养比不上宋朝，但是在某些方面仍然取得了一些发展。资料显示,元朝时期,湖南地区重建、增修和迁建的县学宫 21 所,重建了毁于兵火的岳麓书院,整修了衡州的石鼓书院,另外重建了 8 所书院,占到全国总数的16%。① 科举考试方面,元朝科举考试共举行约 20 次,湖南地区的乡试者 271 人,成进士者 143 人,入选为官的人数约为 86人,其中入仕比例占全国的 8%。如此看来,与当时全国的社会阅读风尚一致,在湖南地区,科举同样是影响百姓阅读内容倾向的重要因素。

与元朝比较,明朝时期湖南的教育可以用"发达"来描述,这受益于明朝的经济与社会的发展。在元末被损坏的学宫和书院到明朝的时候陆续被恢复;明朝嘉靖年间兴建书院约 25 所。《明史》列传中的人物,湖南有 63 人。

清朝重视发展教育,湖南地区教育的发展,带来了人才群体的蔚起,湖湘文化也得到空前的发展。清朝从康熙到嘉庆年间,湖南全省新建书院 71 所,同时湖南各州府还设立了义学,作为初级教育的场所。康熙三年(公元 1664 年),湖南成为独立的行省,雍正二年(公元 1724 年)清中央政府在长沙设试院,开始在湖南举行乡试。从嘉庆朝开始,湖南参加乡、会试的人数较前朝有明显的增加。据史料记载,清朝自顺治九年开科到道光二十年(1840 年),湖南进士 441 人,中举者达到数千人。②

湖南地区的教育经过几个朝代的努力,创建了大批的书院

---

　　① 周秋光:《古代湖湘文化的形成与历史演变》,《湖南省社会主义学院学报》2009 年第 1 期。

　　② 以上内容参见周秋光:《古代湖湘文化的形成与历史演变》,《湖南省社会主义学院学报》2009 年第 1 期。

和学宫,这不仅为湖南地区沉淀下治学风尚,也培养了大批的优秀的文人雅士,形成独具本地特色的阅读文化。

2.民国时期的湖南阅读

民国时期,在启迪民智的教育理念下,湖南地区的教育发展对提高民众的识字明理水平起到了积极的作用。这一时期,湖南地区为提高本地民众的知识水平,实现全民晓理参政的目标,一方面推行平民教育运动;另一方面积极发展图书馆事业,启迪民智是这一时期湖南地区的社会阅读风尚。

在平民教育运动方面,前期主要由长沙基督教青年会推动,到1923年底青年会开办了约203个班,毕业学员约为2200人。[①] 1923年8月湖南北平全国中华平民教育促进总会成立,平民教育运动再次在国内展开。1924年1月15日成立湖南平民教育促进会,在经费筹措、周刊专刊、新千字课教简要办法、各种通俗唱本的编印、露天电影演讲等方面取得了丰硕成果,并借助学生寒暑回乡之便,将平民教育的方法与理念传播到各偏僻地县。

在图书馆发展方面,1913年湖南省教育司颁布了《通俗图书馆暂行通则》与《通俗图书馆办事细则》,对通俗图书馆的服务做了详细规定。1913年湖南省教育司制定《阅报社暂行通则》,其宗旨是教育强国的理念。到1913年6月,湖南地区已有东安、慈利、湘潭、桃源及攸县级南洲厅,建立了规模较小的图书馆;到1916年,湖南有14所公立通俗图书馆,藏书3500部,每

---

① 喻春梅:《长沙〈大公报〉(1915—1927)与湖南社会思潮》,湖南师范大学学位论文,2008年11月。

日平均阅览人数380人。① 1926年7月国民革命军进入长沙,8月将湖南省会图书馆更名为中山图书馆,将省会图书馆与省立图书馆合并,普通图书馆对外开放。1930年8月,湖南省政府下令撤销中山图书馆。1932年9月,中山图书馆重新开馆,藏书达到24万册。同时,1921年1月,衡阳图书馆开馆,此时由于中山图书馆被烧毁,衡阳图书馆是湖南境内藏书最丰富的公共图书馆,十年后衡阳图书馆的馆藏书籍达到2万册。《第一次中国教育年鉴》统计数据,截至1934年5月,湖南省有公立与私立图书馆176所,图书馆92所,省内77个县建立了民众图书馆。②

3.建国后的湖南阅读

从建国初期至今,湖南地区的社会阅读风气与整个社会的阅读风气一致,这段时期湖南省公共图书馆事业的发展历程充分反映了湖南地区的社会阅读倾向。解放初期,湖南图书馆经过整顿与恢复后,进入改革的阶段。湖南省从1954年发展第一个湘潭市图书馆,到1966年湖南全省共建县以上公共图书馆37所。经历了"文化大革命"期间图书馆的发展低潮,1971年图书馆开始逐步恢复开放,到1985年底,湖南全省拥有县以上公共图书馆110所。公共图书馆馆藏方面,1949年湖南县以上的公共图书馆藏书约为20万册,到1978年这一数字已经达到661万册;到1997年达到1434万册。湖南全省9个地市图书馆共藏书283万册,平均每馆藏书31.4万册,县级馆平均藏书7.8

① 沈小丁:《民国视野下的湖南地方图书馆事业》(1912—1949),《图书馆》2009年第1期。
② 沈小丁:《民国视野下的湖南地方图书馆事业》(1912—1949),《图书馆》2009年第1期。

万册。

　　同时,湖南省内的城乡基层图书馆也得到了发展。50 年代,湖南省政府指示加强农村图书室的建设,以在扫盲与破除迷信等活动中发挥作用。1978 年以后随着改革开放的发展,到1985 年全省 54%的乡镇建立图书馆约 1800 个。湖南省文化厅倡导小型化、多元化的发展思路,并将此作为乡镇文化建设的"五个一"工程,到 1997 年湖南全省 2381 个乡镇,49400 个村委会,共有各类图书馆 14000 多个。①

　　这些数字一方面反映了从建国初期到 90 年代末,湖南省通过推动公共图书馆建设促进全民阅读所进行的努力,也从侧面体现了湖南省在全面阅读方面取得的进展与成绩。但是这些数据也反映出一些问题,公共阅读资源的城乡分布不均,以及阅读资源获取机会不平等的问题。这些问题是相关部门在工作中一直考虑的问题,但是鉴于实际工作中公共设施普及的难度,这些问题难以从根本上得到解决。然而,当前数字阅读的发展与普及,特别是移动阅读的普及化将会在一定程度上起到缓解阅读资源获取机会不平等的问题。

　　阅读作为一种文化现象,受到政治与教育环境的深刻影响,随着时代的变迁,社会阅读风气也在不断转变,成为历史的见证。

二、阅读方式的变迁与阅读的私人化

　　阅读是人类史上的一项极重要的活动,甚至在还没有文字

---

　　①　邹健、常书智、邹华享等:《湖南省公共图书馆事业 50 年》(1949 — 1999),《图书馆》1999 年第 5 期。

的时候，人类就进行着表达与解读的活动。阿尔维托·曼古埃尔在《阅读史》中曾提到：世界就是一本书，阅读就是感知、了解世界；人也是一本书，我们都是其中的一个字母，我们读书读的其实就是我们自己，我们在阅读的过程中又同时在创造我们自己。惠尔曼也曾经提出，这个世界就是一本书，这本巨大的书是我们唯一的知识来源，我们的任务就是阅读这个世界。①

阅读如此重要，而阅读的内容文本作为知识信息的载体，其形态、数量、质量、传播规模及内容的每一次变革，都会带来阅读的方式、数量、规模和功能的变化。文字载体的发展经历了从简策到纸本，从抄本到雕版印刷到机器印刷，从印刷版到电子版的发展过程。在某一特定时期，人们的阅读方式也受到书籍形态的制约和社会规范的影响。

（一）历史上的音读时期

作为人类独具的文明行为阅读具有历史性，从音读到阅读是形态的最大变化，这不仅仅发生在汉字文化圈，整个世界的阅读史都经历了这一过程。② 麦克卢汉在《古登堡的银河系——活字人的形成》中提到"古代和中世纪的阅读全是以音读进行的，伴随印刷文化，眼睛加快了速度，声音被迫沉默了。"公元354 至430 年在世的奥古斯蒂努斯的著作《自由》中有描写："他读书时，研究在纸面上驰骋，心里捉摸着意思，但不出声，舌头也不动。"③这段资料表明那时已经存在默读现象了。但是，曼古

---

① 转引自［加拿大］阿尔维托·曼古埃尔：《阅读史》，商务印书馆2002年版，第208 页。

② 李长声：《从音读到默读》，《读书》1992 年第2 期。

③ 转引自李长声：《从音读到默读》，《读书》1992 年第2 期。

埃尔在《阅读史》中提到,在奥古斯丁所处的时代,沉默专注的盯着书看的方式仍然属于不寻常的事情,一直要到 10 世纪,默读的方式才在西方普及。例如,耶路撒冷的圣西里尔,在一场可能是在公元 349 年大斋节(Lent)期间所做的教义问答演讲中,恳求教会姊妹在典礼的等候期间安静地阅读,以免当她们说话时,其他人会听到声音,这个例子证明在公元 4 世纪主要的阅读方式是音读。曼古埃尔在《阅读史》中提到,"高声阅读是从书写文字出现时就已经出现的规范,高声阅读也发生在伟大的古代图书馆里,从公元前 7 世纪到亚述巴尼拔国王的去找资料的亚述学者,到亚历山大里亚与波伽马的图书馆去翻阅卷轴的人,或者是到迦太基与罗马的图书馆去寻找典籍的奥古斯丁,这些人肯定都是在隆隆嘈杂声中阅读"①。所以,在 10 世纪以前,至少是在公元前 7 世纪与 10 世纪期间,音读都是人们普遍的阅读方式。

1.早期宗教世界里的朗读

从公元 5 世纪到 12 世纪,文本的喜悦是分享,朗读是分享文本的主要方式,任何个人的兴趣与情感的表达都是受压制的,这一时期的朗读是一种共享行为而非私人行为。在圣本笃②的

---

① [加拿大]阿尔维托·曼古埃尔:《阅读史》,商务印书馆 2002 年版,第 53 页。

② 努西亚的圣本笃(Saint Benedict of Nursia,480—547 年),又译作圣本狄尼克,意大利天主教教士、圣徒,也是本笃会的创建者。他被誉为西方修道院制度的创立者,于 1220 年被封为圣徒,是天主教会重要圣人之一。前教宗本笃十六世的圣号即来源于他。他经常与《元素论》作者圣安东尼奥一起供奉,侍候于圣保罗左右。左手持十字架,右手持《修院圣规》,神情悲悯,呈慈悲相。http://baike.baidu.com/view/1834623.htm? fromId=1391694

时代,聆听被认同为是一种心灵上的活动。① 圣本笃于公元529年左右在卡西诺山创立了一座修道院,并为修道士制定了一系列的规章,以法典的权威取代修道院的绝对意志。圣本笃在《本笃会规章》第38条规定:朗读是修道院日常生活的基础功课。修道院的选书大权掌控在上级手中,他们对挑书颇为慎重。对于圣本笃的门徒来讲,文本的喜悦应该是共同分享,而不是属于个人,门徒们的个人乐趣和骄傲都受到刻意的压制。对于他们来讲,文本即是圣言,永远不变,他们在餐桌上默默聆听不能有所反应,这不仅能使他们专心,也可防止私人对圣书提出任何类似批评的言论。② 从12世纪早期,"圣本笃规章"开始在欧洲各地的西斯妥修道院实行,以确保修道院生活的规律,在此个人欲求受制于集体的需要,没有一般人所谓的秘密,任何个人的追求都受到强烈的压制。

2.早期世俗世界里的朗读

在印刷术发明之前,读写能力并不普及,书籍是富有者的财产,是少数人的特权。在中世纪的世俗世界里聚在一起聆听朗读是必要的日常活动。与宗教生活不同,世俗世界里的朗读是一种分享活动,同时也是一种个人化,以及更具私人化特征的阅读活动。从11世纪开始,欧洲各王国都有吟游诗人,他们脑中储存了大量的作品,他们是公共演艺人员,除宫廷表演外,也出现在展览会场和市集中。同时,在宫廷或贵族家庭,大声朗诵书

---

① ［加拿大］阿尔维托·曼古埃尔:《阅读史》,商务印书馆2002年版,第147页。

② ［加拿大］阿尔维托·曼古埃尔:《阅读史》,商务印书馆2002年版,第144页。

籍给家人与朋友听,既是为了娱乐也是为了寓教于乐。从罗马帝国时期,贵族家庭在用餐时间听朗读,这一时期的人们认为,聆听带来的想象性的娱乐能够强化他们味觉的喜悦。在14世纪早期,阿特瓦的马奥伯爵夫人带着装在大皮袋里的图书一起旅行,在夜晚,由一位女仆朗读哲学著作或者异地趣闻。① 15世纪的《纺纱杆福音》显示出非正式朗读的流畅。冬夜,在一位年长女士的住所常常有一些附近的女人聚集在一起纺纱织布。这些女人在一起宣读一些讨论恋爱、婚姻关系、迷信与风土人情的段落,并请人记录。到了公元17世纪,非正式聚会中当众朗读的风气盛行,这种非正式的聚会很轻松,没有制度化阅读的束缚,听众可以在心理上将文本转移到他们自己的时空中。②

在19世纪,顺应当时的社会政治经济的发展,朗读出现在正式或者非正式场合中,并衍生出了新的社会功能,发挥了在工人阶级中间传播与普及文化知识的作用。在1865年10月22日的古巴,雪茄制造商兼诗人萨图尼诺·马丁内斯为雪茄业的工人办了一份报纸——《奥罗拉》,其目的是启迪雪茄业的工人阶级。报纸的内容不仅涉及政治报道,也囊括了科学、文学之类的文章,还有诗和短篇小说。后来,马丁内斯很快认识到文盲是《奥罗拉》未能真正普及的主要原因。在19世纪中期,古巴工人阶级中只有接近15%的阅读人口。为了让更多的工人分享到这份报纸的内容,他找中学的正式讲师担任朗读员到工厂为

① [加拿大]阿尔维托·曼古埃尔:《阅读史》,商务印书馆2002年版,第143页。

② [加拿大]阿尔维托·曼古埃尔:《阅读史》,商务印书馆2002年版,第145页。

工人朗读。1866 年 1 月 7 日《奥罗拉》有报道提到：工人朗读活动已经初步在工人群体中展开，带头者是费加洛工人。工人们听过的书籍涵盖了历史大纲、说教性小说、以及政治经济学手册等方面的内容。①

从聆听的大多数的角度来讲，这段历史时期，朗读表现出了更多的是共同分享特征，特别是在宗教世界里尤其明显。同时在后来的世俗世界里，朗读逐渐展示出个人或者私人在阅读中的需求，朗读出现的场合，朗读的内容，以及朗读的情景，都表现出了较强私人化的趋势。曼古埃尔也在书中指出，这段时期朗读的聆听阅读是为了洗涤肉身、为了欢娱、为了教诲，或赋予声音高过感官的优势②。但是，允许别人将书页上的文字念给自己听，这不像一卷书在手用我们自己的眼睛阅读的个人体验。所以，朗读剥夺了个人的阅读活动中所固有的一些自由，比如，选择一个语调、强调一处重点、回到最爱的段落的自由。③

（二）从音读到默读的变迁

关于对默读的比较早期的资料是奥古斯丁对安布罗斯④的描述，这发生在公元 5 世纪，奥古斯丁道："他的眼睛扫描着书

---

① ［加拿大］阿尔维托·曼古埃尔：《阅读史》，商务印书馆 2002 年版，第137—138 页。

② ［加拿大］阿尔维托·曼古埃尔：《阅读史》，商务印书馆 2002 年版，第149 页。

③ ［加拿大］阿尔维托·曼古埃尔：《阅读史》，商务印书馆 2002 年版，第151 页。

④ 安布罗斯（339？—397），意大利米兰主教，在位期间全力维护基督教会的权力，他个人在文学与音乐方面造诣颇深。转引自［加拿大］阿尔维托·曼古埃尔：《阅读史》，商务印书馆 2002 年版，第 64 页。

页,而他的心则忙着找出意义,但他不发出声音,他的舌头静止不动。任何人都可以自由接近他,访客通常不须通报,所以我们来拜访时,常常发现他从来不出声朗读。"①奥古斯丁对这种阅读方式感到很奇怪,因为这种沉默专注地盯着书页看的方式,在他那个时代非常鲜见,当时正常的阅读方式是大声朗读。② 在公元 9 世纪以前,修道院缮写房工作的抄写员在抄写文本时,通常以口述或者是对自己朗读的方式进行。从 9 世纪开始有了对修道院缮写房工作的抄写员要默读的规定。③

一些欧洲学者也认为,默读首先兴起于古代后期的基督教,公元 7 至 11 世纪在不列颠岛的修道院抄写室传开,公元 13 世纪传到大学和经院学者们,一个半世纪后在世俗的贵族阶层中普及,把人们从他人存在的喧骚引向孤独,但是,直到大致 19、20 世纪左右,最普通的民众仍离不开音读。④

在日本,日本学者前田爱在研究中把音读分为朗读和朗诵。前田爱认为,朗读是传达手段,是帮助理解的补助手段,主要指民众的阅读行为;朗诵是为体会文章韵律的朗朗诵读,基于民众的读写能力低下的情况。对此现象,李长声的观点是,当时的文学样式具有的民众文娱的特性与共同享受的形态相适应,这时的小说是家族共有的教养和娱乐对象,而非个人鉴赏物。同样

① 转引自[加拿大]阿尔维托·曼古埃尔:《阅读史》,商务印书馆 2002 年版,第 52 页。

② [加拿大]阿尔维托·曼古埃尔:《阅读史》,商务印书馆 2002 年版,第 53 页。

③ [加拿大]阿尔维托·曼古埃尔:《阅读史》,商务印书馆 2002 年版,第 60 页。

④ 李长声:《从音读到默读》,《读书》1992 年第 2 期。

是明治时代,朗诵是汉籍青年们的特征,他们在学校、宿舍、政治结社等精神共同体内朗诵,与之相对应的文学样式是汉诗文、政治小说等。1872年日本开始实施新教育,由于尊重汉学之风,学生放学之后还要在家庭或私塾学习汉籍。前田爱提到:"诵读汉籍这一学习课程,是通过反复放声念语言的音响与韵律,将不同于日常语言的语言形式刻印在心灵上……这种诵读训练出来的青年们,具备大致等质的文章感觉和思考形式,就可能超越出生地、出身阶层的差异,沟通同属于精英者流的连带感情。"依照这一解释,就像使用方言能强化生活在同一地域社会的人们的亲近感,朗诵汉诗文也同样具有强化连带感情的作用。

(三)默读实现阅读的私人化

无论是在欧洲还是日本,伴随阅读方式从音读向默读的变迁,阅读经历了从共享性向私人化的转化,阅读逐渐成为一种个人化的行为。随着活字印刷术的发展,个人可以得到更多的书,一种书能有更多的读者,阅读逐渐变成完全个人行为,阅读者对出版物的接触形态由音读彻底转变为默读。①

曼古埃尔在《阅读史》中提到,默读让书本与读者之间建立起一种没有他人在场的沟通,并让读者独自体会得到"心灵的振作"。由此可以说,默读的出现以后,人们才真正实现私人阅读。借着默读,读者能够与书本文字之间建立一种不受约束的关系。文字可以存在于内心的空间,汹涌而出或欲言又止,读者可以用其思想从容地检视他们,从中汲取新观念,也可以从记忆

---

① 李长声:《从音读到默读》,《读书》1992年第2期。

或其他一摊在一旁的准备细读的书做比较。①

爱默生也曾有类似的主张,他认为阅读是个人孤独的行为,神圣的著作要在沉默中阅读。他拟了一个包括《奥义书》与《沉思录》著作的书单,并写道:"所有这些书籍都是普遍良心的庄严表达,而且它们对我们的日常作为而言,比年鉴或日报更为重要。但是它们是用来私下阅读的。是要放在曲拢的膝盖上阅读的。我们不能用嘴唇与舌尖来与其沟通,而必须发自双颊的热情与悸动的心"。②

阅读是人类的一个认知过程,人们通过阅读来探索未知,塑造自我,阅读者对内容的选择与阅读的感受都极富个性化,每个人都有自己的一部阅读史。一个人的阅读经历,是私人的阅读史,也是个人的精神发育与成长历史。③

三、纸版内容的数字化与社会阅读

阅读是一种从书面语言与符号中获得意义的社会行为、实践活动与心理过程,是阅读者与文本之间相互影响的过程。④阅读习惯受多方面因素影响,反映了个人的审美情趣与精神追求,而社会的变革、信息技术的发展与普及化应用,特别是互联网的发展,也在影响并逐渐改变着人们的阅读习惯。在当前的

---

① ［加拿大］阿尔维托·曼古埃尔:《阅读史》,商务印书馆 2002 年版,第61 页。

② ［加拿大］阿尔维托·曼古埃尔:《阅读史》,商务印书馆 2002 年版,第64 页。

③ 雷颐:《一个时代的阅读史》,《经济观察报》2010 年 7 月 12 日。

④ 王余光:《世纪之交读者阅读习惯的变化》,《图书情报知识》总第 106期,2005 年 8 月。

社会环境中,社会和技术的进步带来的文本的变化,特别是当前依托于各种媒介终端进入到大众日常生活中的超文本,正在改变着人们原有的阅读方式和阅读习惯。

(一)浅阅读的流行

信息与网络技术在我国的应用由起步到普及发展迅速,以电脑为代表的各类电子终端设备越来越普遍地进入人们的日常生活。电子阅读这一种由文本变化带来的新的阅读方式,借助于各类电子阅读终端与网络技术获取包括文本在内的多媒体合成信息和知识,是一种超文本阅读行为。这一阅读方式也被其他研究者称为:"超文本阅读"、"网络阅读"、"电子阅读"、"超阅读"、"数字阅读"、"网上阅读"及"虚拟阅读"。①

1.什么是超文本?

文本的电子化与网络化是现代信息技术高速发展的结果,作为术语"超文本"出现于20世纪60年代,随着光记录技术的进步,超文本于80年代逐渐应用于单行电子出版物,从90年代初开始,得益于超文本标识语言(HTML)的出现、万维网的建立,超文本成为在线电子出版物的主要形式。② 1963年托德·尼尔森(Ted Nelson)创造了术语"超级文本",1981年托德在其著作中使用术语"超文本"描述了自己的构想:"创建一个全球化的大文档,文档的各个部分分布在不同的服务器中,通过激活

---

① 梁桂英:《1997—2007年国内网络阅读研究综述》,《图书馆杂志》2008年第4期。

② 王余光:《世纪之交读者阅读习惯的变化》,《图书情报知识》总第106期,2005年8月。

链接超文本的项目可以跳转到引用的内容。"① 1993 年版的牛津词典对"超文本"的解释为"一种并不形成单一系列、可按不同顺序阅读的文本,特别是那些以让这些材料显示在计算机终端的读者可以在特定点中断对一个文件的阅读以便参考相关内容的方式相互链接的文本与图像。"② 近 30 年以来,随着超文本传输协议(HTTP)、超文本标识语言(HTML)的发明,以及万维网(WWW)创建,超文本被广泛应用到互联网空间,成为网络电子文本的主流形式。

　　基于印刷技术发展的纸质文本是线性文本,它对阅读者的基本要求是依照设定好的章节与页码的顺利逐次阅读。与纸质文本不同,超文本将信息分割成若干独立又有关联的节点,通过链接的动作把这些节点相互串联起来,形成一个更大的语意或具相关性的网络数据库。超文本提供了一个完全不同的阅读模式,这种阅读模式是非线性的过程,阅读者可以按照自己的需求通过点击超链接,瞬间转接到下一个阅读内容。所以,人们通过超文本获取的是片段式而非整段式的信息,阅读也不是必须要严格按照章节与页码设定的顺序逐字逐句地进行,超文本使读者以一种由直觉和联想的方式将信息链接起来。从 90 年代开始,超文本成为电子在线电子出版物最流行的形式。基于印刷术发展的传统出版物通过章节设置和页码标注等方式规定阅读的顺序,这种线性文本使读者几乎必须逐页阅读。超文本以结点为单位组织信息,以链接方式构成表达特定内容的信息网络,

①　Hypertext, http://en.wikipedia.org/wiki/Hypertext.

②　http://baike.baidu.com/view/156868.htm? fromId=44392.

是一种非线性网状结构。在阅读时人们可利用超文本机制提供的联想式查询能力，找到所需的相关内容。

2.纸版图书的超文本化

电子图书（E-book）是"超文本"技术的主要表现形式，陈丹等学者在文章《从纸质图书到电子图书的嬗变》中梳理了图书从纸版发展到电子版的技术历程，他们指出，纸版书在数字化的过程中经历了图书显示终端的变化与图书内容组织的变化。图书显示终端方面，信息呈现的载体主要有物质载体和能量载体两种基本类型，这两者之间的最主要区别是物理载体不需要能量，也不可逆。1897 年德国物理学家 K.F·布劳恩发明了阴极射线管，由此出现了信息显示器终端——显示器。阴极射线管能够通过显示器屏幕选择性地发光以实现信息的呈现，这个过程需要能量的维持，也可逆，被应用于早期的电子书显示终端。20 世纪 70 年代日本发明电池显示技术，20 世纪末，美国 E-INK 公司利用电泳技术发明了电子墨水，这极大地促进了电子纸技术的发展。[1] 电子纸（e-paper）结合了传统纸媒体和显示器媒介的优点，可读性高，反射率和对比度，都基本达到纸媒体的阅读效果。同时，电子纸质量轻，屏薄，用电量低，能实现信息的交互式呈现，信息的呈现几乎不需要能量的维持，即使是在电源供应停止的状态下，它还是能够维持一幅图画。电子图书阅读软件的发展为电子图书的发展开创了新天地。[2] 在电子图书阅读软件出现的早期，

————————

①　陈丹、黄孝章、张志林：《从纸质图书到电子图书的嬗变》，《北京印刷学院学报》2010 年第 5 期。

②　王余光：《世纪之交读者阅读习惯的变化》，《图书情报知识》总第 106 期，2005 年 8 月。

不同厂商推出的电子图书阅读软件之间相互不兼容,也不能实现脱机阅读,当前的电子图书阅读器解决了这两个问题。目前,常见的电子阅读器 Amazon 的 Kindle、Sony 的 Sony Readers、汉王的电纸书、当当的 doucon 等,都是使用的电子书技术。

图书内容组织变化方面,传统的纸版图书,在内容组织上呈现的是有前后顺序的线性顺序,这是延续了叙事风格的组织形式。而电子书则是通过超文本结构对信息内容进行重组,重新建立起各信息之间的关联,呈现出非线性的信息组织方式,如此能够更好地满足人们认识思维活动和对知识的要求。电子图书的超文本结构,通过关键词在不同的文本间建立起链接,使文本之间能够进行交互式搜索,这是一种奇特的组织信息方式。这个信息单位能够依照用户的意愿,利用链接的形式进入另一个文本。如此,电子图书的超文本系统,通过交互式构建,连接扩大了图书内容的语境范围与语境关系,内容信息单位互相提供意义构建的语境增加了图书的表现力与包容度。

超文本在互联网与电子阅读终端上的广泛应用,带来了阅读文本的多元化。传统的阅读文本主要是印刷读物,如图书、报纸、杂志、期刊等,而超文本化组织了声音、语言、文字图片、影像等一切可以采用的符号形式;形成了包括电影、电视、音乐、动画、数字化成像等在内的多媒体内容资源。这种文本的多元化发展,为人们提供了更加分散化与多元化的文本与内容选择,一方面超文本形态发展带来的多元化内容景观充斥在人们周围。另一方面,人们通过采用现代多媒体技术与数字化技术,将先前的印刷文本转化为视觉文本或电子阅读文本。

3.与超文本相伴而生的浅阅读

一般来讲,读者的阅读需要有以下几个层次,消遣需要、使用需要、求知需要、审美需要、探索社会和人生的需要、以及研究创造的需要。而不同层次的需要也可以总体概括为学习性阅读需求和休闲性阅读需求两大类。在快节奏的环境中,休闲性阅读成了主导性动机,许多求知型的阅读也越来越带上了消遣和休闲色彩。网络和电子书的出现不仅修改了知识信息物理传播的方式,还改变了人们的阅读习惯。这种超文本阅读不仅阅读方便,互动性强,阅读内容广泛,还可以利用多媒体,同时阅读过程的随意性也增强,浏览泛读代替了精读,浅阅读成为人们偏向的阅读方式。

浅阅读是一种搜索式、标题式或是跳跃式的阅读,是简单浅显的信息提取,迅速消化与吸收、抛弃与更新、理解与遗忘,不需要潜心思考。浅阅读具有浅表性、视觉性与娱乐性的特点,它除了会满足人们信息获取的需求外,还容易使人们享受到阅读过程中的视觉快感和心理愉悦,但是,浅阅读容易使人们失去细致入微的情感品位与深刻透彻的思想领悟。① 有研究提出,超文本的非线性特征使文本的焦点不断地改变,表现出阅读的跳跃性与文本间的迷失。Harris 等人通过对图书馆信息研究所学生的调查研究发现,大多数学生对超文本阅读很难适应,表现为通过超链接由一篇文本跳至另一篇时无法立即辨认出表达上的转变,即使收到的信息已经足以满足其信息需求,仍然担心自己并

---

① 吴燕、张彩霞:《浅阅读的时代表征及文化阐释》,《南京大学学报》(哲学·人文科学·社会科学)2008 年第 5 期。

未完整地读到所有的超文本内容,这就形成一种在文本中的迷失。① 关于超文本阅读中的迷路问题,国内学者张智君在文章《超文本阅读中的迷路问题及其心理学研究》中提到,导航辅助是解决迷路问题的重要途径,主要的两种导航是结构导航和概念导航。结构导航将超文本信息系统中的节点与节点之间的关系,以局部或全部视图的方式显示出来,使用户对节点内容、节点之间的关联、超文本系统的整体轮廓,当前所处位置、以及浏览历史等有清楚的认识,并可选择跳转的方向与目标节点。概念导航以结构导航为基础,能够为用户提供更高层次上的导航。概念导航以用户的浏览意图为基础,通过对用户浏览行为进行分析与追踪,判断用户感兴趣的概念,形成一个代表浏览意图的概念空间,围绕这一概念为用户安排指引和引导。② 适当的阅读导航有助于改善人们在超文本阅读时的迷路问题,提高超文本阅读效率,改善网络阅读体验。

朱咫渝于 2011 年基于对大学生网络阅读行为的调查研究发现,总体看来,传统阅读仍然是满足人们正式信息需求的主要途径。调查数据显示,61%的学生上网阅读的目的是了解时事新闻,42%的学生上网阅读是为了娱乐休闲,40%的学生的上网目的是信息交流,例如,E-mail、BBS、QQ。从阅读内容意愿的角度看,学生愿意在网上阅读的内容主要以新闻、百科知识、升学就业信息为主,而对于课程专业相关的内容,更愿意通过纸质读

---

① 转引自朱咫渝:《网络超文本阅读研究——基于大学生网络阅读行为的调查分析》,《图书馆工作研究》总第 188 期,2011 年 11 月。

② 张智君:《超文本阅读中的迷路问题及其心理学研究》,《心理学动态》2001 年第 9 卷第 2 期。

物来完成。他们认为,一方面,长期盯着电脑屏幕眼睛容易疲劳,无法做到专心阅读,做笔记与做标注不方便;另一方面,由于任何人都能够在网络空间发表作品,不容易判断网络文本内容的质量,尤其是专业化学术信息的质量,传统出版业的专业书籍,印刷文本更富有权威性。[①] 可以看出,目前相当部分网民进行网络阅读是为了获知信息与休闲娱乐,网络阅读的读者仍带有深深的传统阅读习惯,对于大多数读者来讲,网络阅读属于浅阅读,而需要沉下思考的阅读主要还是传统阅读。

(二)浅阅读挑战传统阅读

2012 年《第十次全国国民阅读调查》数据显示,2012 年我国国民图书阅读率为 54.9%,数字化阅读方式(网络在线阅读、手机阅读、电子阅读器阅读、光盘阅读、PDA/MP4/MP5 阅读等)的接触率为 40.3%,阅读率差异进一步减小。这表明,以浅阅读为主要特征的超文本阅读替代传统阅读的趋势已经开始。

表 1   2008—2012 年图书阅读与数字化阅读率差异

时间	图书阅读率	数字化阅读接触率	差距(百分点)
2012 年	54.9%	40.3%	14.6
2011 年	53.9%	38.6%	15.3
2010 年	52.3%	32.8%	19.5
2009 年	50.1%	24.6%	25.5
2008 年	49.3%	24.5%	24.8

数据来源:第六次至第十次《全国国民阅读调查》。

———————————

① 朱思渝:《网络超文本阅读研究——基于大学生网络阅读行为的调查分析》,《图书馆工作与研究》2011 年 11 月,总第 188 期。

语言载体的变化以及阅读对象的变化,改变了人们的阅读观念与阅读方法。吴燕与张彩霞在《浅阅读的时代表征及文化阐释》一文中提出人们阅读改变的四个主要方面。首先,阅读媒介层出不穷,人们的阅读已经不再局限在书籍、报刊杂志等传统阅读媒介,浅阅读进入到人们的阅读生活,通过电影、电视、互联网、电子书、手机等传播媒介,都可以领会其内容,尤其是从20世纪90年代至今,新媒介以图文并茂、互动性与参与性等优势,吸引着越来越多的年轻人。其次,阅读内容的拓展,除印刷媒介外,影视剧、广告、电子文本、短信、即时通信工具等承载的内容,都可以作为阅读的内容。第三,阅读范围得到空前扩大。传统的阅读内容,需要阅读者具有一定的知识储备与修养,才能够理解与领会具有一定深度的内容。但是,当前的阅读环境也为没有知识储备的读者提供了多种阅读选择,这使阅读得到了更广范围的普及。第四,阅读需求的多元化,与以往的相比,当前阅读的功利性减弱,更多的读者开始追求轻松、愉悦的阅读,而这种阅读往往表现为浅阅读。

浅阅读现象,与现代社会节奏快和压力大的社会大环境,及由此产生的群体焦虑心理有密切的联系,但是也与更深层的社会文化有关。浅阅读是后现代大众文化的一种具体表现形式。人们对无中心的、拼贴的、复制的、游戏的、媚俗的阅读内容的偏好,与后现代主义的去中心、祛魅、反传统、对抗精英主义、狂欢性及颠覆性等特点相呼应。在吴燕与张彩霞看来,后现代主义的主张是革除文化等级秩序,打破少数文化寡头垄断文化资源的局面,以重新分配社会文化资本,消解艺术与日常生活的界限,瓦解精英主义者的权威,降低知识分子为人类代言的愿望。

而浅阅读悬置了解放、进步、革命、真理、理想等宏大主题，把注意力转向了大众生活的私人领域与具体经验，浅阅读以消解政治道德理性权威的方式，放逐各种形而上思考的同时，肯定了人生的平凡和生存活动的现实要求，从而把现实活动从精神高度重新拉回人们的具体感受经验中。①

有人认为浅阅读侵蚀了人们对强调概念思维的文字信息的阅读兴趣，并非一种深刻的阅读方式。但我们不得不注意到，浅阅读以直观的方式，使人们享受生活情趣，获得心灵的松弛，并经由这种阅读方式，使一些人重回阅读。应对浅阅读对传统阅读的挑战是时代变革带来的课题，同时也是时代带来的机遇，如何让阅读更轻松，如何让阅读更有意义，需要从政府、作者、出版社、媒体到读者的共同努力。

第二章　阅读的多样化明天

阅读是人类文明发展史的文化烙印，随着符号和文字的出现，人类的阅读行为产生，印刷书籍出现后，人类的阅读行为有了更明确的意义，阅读随着文本载体的变化而不断变化着。作为出现在书籍、报纸、广播、电视之后的新媒体——互联网，最突出的特征是用户不再是被动地接受信息，用户自身也参与信息传播，起到交互性的作用，新的阅读需求也在这个过程中产生。

伴随移动互联网与智能手机应用向着多元化发展，数字阅

①　吴燕、张彩霞：《浅阅读的时代表征及文化阐释》，《南京大学学报》(哲学·人文科学·社会科学)2008 年第 5 期。

读的产业链也发生了改变,内容提供商通过合作模式快速扩张,逐步形成了以自己为主导的移动阅读产业链。以互联网信息技术、数字技术为主的高新技术迅速发展,基于互联网与移动互联网等新媒体进行文化内容传播的形式逐渐成为主流,①移动阅读便是伴随着这种趋势产生并逐渐走向普及。

移动阅读是基于手机、平板电脑、PDA 等移动终端进行文字、图片、动画等信息的浏览,以满足人们对图书、杂志、报纸、漫画和有声读物的阅读需求,移动阅读整合各类阅读内容资源,借助于网络与移动终端为用户提供阅读服务及其衍生服务。随着智能手机、平板电脑与电子阅读器的逐渐普及,在信息接触方面人们有了更多的选择,获取信息有了更广的渠道,这促进了传统大众媒体和出版机构的数字化转型。

与此同时,伴随无线网络服务与 3G 技术的发展与应用,移动阅读终端的多元化,移动终端应用软件日益丰富,移动出版行业规范与相关法规的完善,以及企业盈利模式不断清晰,这些发展带来的结果是数字阅读内容日渐丰富,阅读以一种便捷、灵活与自由的形式渗透进人们日常生活。新的阅读习惯、阅读方式和阅读需求,在这种互动中产生并同时也对整个阅读行业产生着影响。

一、以美国为例看

美国是全球最大的数字阅读市场,其数字阅读的发展浓缩了全球数字阅读行业的发展,它的昨天,是我们即将面对的今天

---

① 周娇:《手机阅读发展现状与趋势分析》,《互联网天地》2013 年 6 月。

与明天。

　　从 2011 年主要欧美国家图书市场规模来看,美国图书市场规模达到 272 亿美元,其中电子书销售已经在美国出版商的收入中占很大一部分,根据美国出版协会统计数据,2012 年电子书收入占美国出版商收入的比例已经达到 23%(这一比例在 2011 年为 17%)。在美国,已经形成较强大的数字阅读消费群体。

表 2　2011 年主要欧美国家图书市场规模①

国家	图书市场规模(亿)
美国	$ 272
俄罗斯	$ 20
英国	£ 32
德国	$ 96. 01
法国	$ 45. 87
意大利	$ 34. 08
西班牙	€ 27. 72
荷兰	€ 11. 68
瑞典	€ 7
丹麦	€ 5. 4

　　而随着亚马逊 Kindle,索尼 Reader、邦诺 Nook 等电子图书阅读专用终端的推出,智能手机的广泛应用,以及电子出版设备传播平台的普及,美国的移动阅读市场也在急剧扩大,特别是 2010 年 4 月苹果 iPad 的推出,为移动阅读市场的发展带来了革

---

　　① 数据来源:The Global eBook Market: Current Conditions & Projections 2012。

命性的影响①。

根据市场研究公司 eMarketer 统计,2011 年美国成年人花费在移动设备上的时间较 2010 年增长了 30%,达到 1 小时 05 分钟,超过了印刷杂志和报纸的时长总和,他们花费在后者的总时间仅 44 分钟。2010 年 7 月,亚马逊的首席执行官杰夫·贝索斯(Jeff Bezos)宣布其电子书销量超过了精装书。进入 2011 年,已拥有 81 万种 Kindle 电子书的亚马逊又一次宣称:Kindle 电子书的销量已经实实在在地超过了纸本书。② 2011 年 9 月,15%美国人使用 iPad 或 Kindle 电子阅读器。Harris Interactive 公布的民意调查结果显示,美国现在有 15%的人使用电子阅读器读书,也就是说,每 6 个美国人中就有一人使用亚马逊的 Kindle 或苹果的 iPad 等设备读书,这一数字较上年同期的 8% 高出近一倍。这些都说明美国已经步入电子阅读的时代。③根据《纽约时报》(The New York Times)发表的统计数据,自 2002 年以来,美国已有大概 500 家独立书店破产,几乎每五家书店就有一家破产,④这表明美国人们对传统纸版图书的兴趣在减弱。

（一）美国移动阅读发展中的重要事件

以时间为维度,按照列出移动阅读产业链中的各方参与者,

---

① 宋向东:《终端瓶颈效应缓解 美日电子图书风生水起》,《通讯世界》2011 年 2 月 28 日。

② 宋向东:《终端瓶颈效应缓解 美日电子图书风生水起》,《通讯世界》2011 年 2 月 28 日。

③ 任翔:《移动互联时代数字出版的商业模式创新》,《出版广角》2012 年第 2 期。

④ 谢桥:《电子阅读的内力》,《出版广角》2013 年 4 月上。

如内容生产商(传统媒体、出版社和图书销售商)、渠道商与设备商等,在不同发展时间段的动作。各方参与者的动向可以在一定程度上反映了美国移动阅读行业在不同时期的发展特点和方向。电子阅读在大众阅读市场中的逐渐普及,亚马逊(Amazon)、谷歌与苹果在其中起到的推动作用不可忽视。

2007 年 11 月,美国亚马逊推出专用电子书阅读终端Kindle。在 Kindle 上市之初,亚马逊就拥有包含畅销书在内的近 9 万种图书提供下载,至 2010 年 3 月已经超过 48 万种,其中涵盖《纽约时报》畅销书榜单前 112 部中的 105 部。Kindle 的推出为电子阅读提供了便利的设备,将电子阅读带进人们的日常生活,革新了传统阅读方式。到 2010 年 1 月,亚马逊已经控制了美国大众电子图书市场约 90%的份额。从此亚马逊成为电子阅读领域的革新者,电子阅读市场的领跑者和挑战对象。①

从 2009 年开始,一些公司洞察到阅读市场发展趋势,开始纷纷行动着手抢占电子阅读市场。2009 年 12 月 18 日,Sony 公司与美国新闻集团宣布合作,在美国正式提供报纸网络阅读服务,阅读终端由 Sony 公司提供,Sony 公司加入电子阅读市场的争夺中,拥有一定的市场,但是不足以对亚马逊构成影响。2010年,索尼公司推出三款升级版的电子书阅读器:PRS — 350(Pocket Edition)、PRS — 650(Touch Edition)和日常版 PRS — 950(Daily Edition)。这三款阅读器均具有触摸屏功能,体积和重量比原来减小,电池续航能力增强,翻页更灵便,存储能力

---

① 李青:《美国电子书业——一场没有硝烟的战争》,《出版参考》2011 年4 月。

升级,同时还具有手写识别、内置字典和打印功能。但是,存在的缺陷是这三款设备都缺乏无线功能,这无疑不符合人们强烈的无线服务需求。同样开始于 2009 年 12 月,时代华纳和新闻集团等五家美国媒体达成合作协议,计划在互联网上设立虚拟商店,以统一标准推出数字出版的新闻和杂志服务,一起提高广告收益,与谷歌抗衡。这表明,媒体行业也走上了将自有阅读内容送上电子阅读终端的道路。2010 年这五家公司设了共同的门户网站,为互联网提供统一标准的电子新闻、杂志等。

　　面对亚马逊在电子阅读市场一家独大的市场格局,苹果的举动带来了整个阅读市场的变革,谷歌及时追赶上苹果开创的用户需求模式,它们的动作影响到亚马逊已经建立的稳定格局。2010 年 4 月苹果公司推出 iPad,iPad 中引入了 iBook Store。它改变了电子书的阅读方式和电子图书阅读器的市场结构,它开创了电子阅读的多元化,电子阅读的市场不再是专门电子阅读终端一统天下的格局。2010 年 12 月 6 日,谷歌电子书店(eBook Store)正式在美国市场上线。谷歌官方资料显示,截止到 2010 年 12 月份,谷歌电子书店提供约 300 万本图书,其中包括一部分自 2004 年以来在全球图书馆扫描的免费图书。已有包括兰登书屋、麦克米伦等 4000 多家出版商与谷歌展开合作。当用户从该商店中购买电子书时,谷歌将与发行商进行获得销售利润分成,发行商获得 70% 的销售收入,而谷歌获得 30%。①

---

　　①　谷歌将于 2011 年下半年进军中国电子书市,http://www.techweb.com.cn/internet/2011-01-11/740209.shtml。

作为全球最大的互联网公司,谷歌强大的资源整合与动员能力,使它的任何举动都会引来市场与行业的关注。

为应对苹果与谷歌带来的市场抢占威胁,亚马逊开始了两方面的行动。一方面进行资源整合方面的努力。2011 年 10月,亚马逊和美国最大的漫画出版社 DC Comics 签下了合同,独家代理数百种包括超人和蝙蝠侠,这些美国最畅销漫画的数码版权。亚马逊公司拥有 DC 漫画公司(DC Comics)的独家采访权并以登载其漫画故事为特色,巴诺书店立马就与惊奇漫画公司(Marvel Comics)达成合作协议。两家公司都通过诸如网飞(Netflix)和葫芦(Hulu)这样的流媒体应用程序来招徕用户。亚马逊已经建立起自有的视频流媒体服务和出租资源库,该公司刚刚宣布成立了一个可免费提供部分畅销电子书的收费图书馆系统。

另一方面,亚马逊加紧改善终端的步伐。2011 年 9 月 28日,亚马逊网络书店的执行长 Jeff Bezos 宣布,Kindle 电子书阅读器推出新版本 Kindle Fire。亚马逊的首款平板电脑 Kindle Fire 含有一个销售订阅 400 份数字报刊的"报摊"(Newsstand)平台大部分主要的杂志出版商将现身报摊:康泰纳仕(Conde Nast)、赫斯特(Hearst)、梅瑞狄斯(Meredith)、美国国家地理杂志(National Geographic)、温纳(Wenner)、读者文摘(Reader's Digest)等等。早期客户将获得康泰纳仕提供的一份特别优惠——该公司旗下 17 份报刊为期三个月的免费试用订阅。2011 年 11 月,美国最大书店运营商巴诺公司(Barnes & Noble)的电子阅读终端 Nook Tablet,作为与亚马逊 Kindle Fire 抗衡的利器投入市场。新上市的 Nook Tablet 平板电脑一个月出货量已近 100 万台。

2012 年 4 月 12 日,美国巴诺书店(Barnes & Noble)发布一款具备夜读功能的 Nook color 电子阅读器,是巴诺书店重量最轻的一款 Nook 阅读器,主要吸引喜欢在黑暗中读书的用户。作为传统图书销售商也走上了终端与内容一并走的电子阅读化道路。

在美国移动阅读的发展中,市场的争夺从产业链上来讲,先后集中在移动阅读终端市场、电子阅读内容生产市场和内容接入平台或渠道市场的争夺;从移动阅读市场参与者来看,移动阅读市场先后吸引了网络书商、电子设备生产商、互联网公司、传统书商、传统出版商和传媒集团等。为能够在移动阅读产业中占据有利位置,各方参与者以自身优势为阵地,向产业链的各个环节扩展和渗透。

(二)美国移动阅读发展中的几个趋势

1.出版商与渠道商走向合作

在美国,渠道商获得电子阅读内容的方式有多种。有的内容,渠道商可通过与出版商合作获取,有的内容是渠道商与作者直接合作获得。在此种情况下,渠道商同时也扮演了出版商的角色。但是,当渠道商与出版商合作获取内容时,电子阅读内容的价格由谁定便成为一个问题。美国移动阅读市场发展的前期,亚马逊一枝独秀,垄断着移动阅读市场的渠道,它控制着电子阅读内容的定价。然而随着移动阅读市场中,谷歌、苹果、邦诺公司(Barnes & Noble)等多主体的加入,为出版商争夺电子阅读内容定价权增加了砝码。出版商开始控制移动阅读内容的定价权,也就是所谓的销售代理模式。

2010年1月,苹果公司iPad和网上书店iBook Store允许出版商采用代理模式销售电子书。出版商们就拥有了梦寐以求的电子书零售的定价权。而且,如果代理模式能广为应用,亚马逊就难以继续扩大它的电子书市场份额。五家美国最大的大众图书出版商,包括企鹅出版集团、哈珀·柯林斯、西蒙 & 舒斯特、麦克米伦以及阿歇特图书出版集团都宣布采用代理模式。2011年3月1日,兰登书屋,这个美国最大的大众图书出版商也最终宣布加入其中。至此,美国六大大众图书出版商全部采用了代理模式,为该模式市场地位的确立奠定了坚实的基础,新的销售模式被大家认可。

2.从电子阅读内容生产转向应用产品开发

从电子阅读内容到应用产品(Apps),是概念和认知的转变,未来也将会成为出版业如何创造内容增值的重要问题。所以,基于内容创造高附加值的应用产品将会成为核心业务。数字内容是单一的,是固态的,是按照传统出版物的结构规划的,以出版商为主导的;而应用产品是整合的,是动态的,是以数字形态定制知识、信息、多媒体与服务,是从消费需求出发的。

精美文字设计的iPad版《荒原》成为第一款引起广泛关注的新一代移动电子书;Logos将《圣经》"苹果化",使基督徒通过iPhone手机免费快捷地阅读《圣经》,并且完美还原了《圣经》非线性叙事的结构,迄今为止它们已经推出了40余种不同的数字版本。西方有些研究机构,如高低科技集团、麻省理工学院媒体实验室、卡内基梅伦大学的计算机设计实验室等,正在研发更加智能化(Smart)、互动性(Interactive)、触摸交互(Tangible)以及去书本化的新一代电子书。这些研究项目集合了 IT 专家、出版商与社会科学研究者,遵循科技与人文结合的思路,已经产生了很多具有革命性潜质的产品。其创新集中表现在与读者的高智能、创造性互动方面。可以预见,这些基于 iPad 类平台的新型应用在儿童图书、烹饪、生活科普、图画类图书、趣味教育等领域有广阔的前景。

3.内容服务从"封闭"转向"开放"

无论是建立于封闭平台上的 iBook Store,还是曾经"垄断"移动阅读市场的亚马逊,在 2011 年的行动都在一定程度上走向了谷歌模式,都走向了开放的道路。移动互联时代,苹果、谷歌、安卓和亚马逊等平台的崛起,开放理念和用户导向概念的兴起。苹果、谷歌安卓和亚马逊所提供的是一个内容与用户对话的平台。在移动互联时代,创造型的用户是数字出版的根本,开放型的内容接触模式、内容生产模式和内容呈现模式的最终目标都是为了更好的服务用户。而内容是保持与用户关联的纽带。在移动互联平台,内容并不是终极产品,内容销售收入也不是终极目标,以内容为纽带、社交媒体为平台所联络的忠实受众群才是最有价值的资源。通过优秀内容,建立拥有高互动性、高参与度的在线社群,并通过虚拟社群进一步推动内容传播与内容增值才是移动互联时代的基本产品模式。

总而言之,美国移动阅读的发展已经走过了一家独大的初始阶段,现在处在亚马逊、苹果、谷歌、邦诺等多平台竞争的成熟阶段。美国在移动阅读的初始阶段时,亚马逊以它独有的内容、渠道和终端设备优势,可以说是垄断着电子阅读市场的渠道。随着移动智能设备的普及,移动互联网的发展,越来越多的用户加入到移动阅读的群体中来。巨大的移动阅读市场将更多的经济主体吸进移动互联网市场。苹果、谷歌、邦诺在移动阅读领域获得成功的同时，侵蚀和瓜分了亚马逊在移动阅读市场中的份额。伴随着苹果、亚马逊、谷歌和邦诺等美国移动阅读市场的竞争，市场格局被重新划分，美国的移动阅读市场的发展进入了成熟阶段。

美国移动阅读市场的发展进入成熟阶段。还体现在，服务模式出现了多元化发展，主要竞争主体之间力量差距的缩小，竞争中商业模式、产业环节中各方的合作模式的不断创新，产业链中各环节之间的合作与简化，以及以用户为中心的发展理念，关注用户参与的重要性，发展的重心开始从内容生产转向内容的整合。

二、我国移动阅读发展的产业环境

数字化是技术发展引发的阅读形态的必然转变，从甲骨到简策，从简策到纸本，从手抄到雕版，从雕版到机器印刷，从纸本到电子本，技术进步在不断推动阅读介质形态的变化。《第十次全国国民阅读调查》数据显示，2012 年我国 18 至 70 岁国民数字化阅读方式的接触率为40.3%，比 2011 年的38.6%上升了1.7%。数字阅读方式正在逐渐走向大众，而移动阅读更成为目前整个数字阅读发展的重要市场。

（一）政策鼓励移动阅读产业的发展

政府的引导与帮助对中国的数字出版业的发展起到了不可替代的作用。国家政策中多次提到，要加快发展数字出版等新兴文化产业（包括内容制作、传输投送、各类软件和终端产品），推动传统出版单位进行数字化转型,支持非公有制企业从事数字出版活动,重点发展数字出版产业园区和基地,推进数字出版相关标准制定与推广工作。从目前掌握的政策内容来看,数字出版领域相关政策法规体现出两个重要导向:鼓励产业发展和加大版权保护力度。

1.政策保护数字阅读产业的发展

国家的部分支持性政策具有偏向性,如此政策在推动产业发展的同时,也有可能改变移动阅读产业内市场主体格局。第一,政策较为偏向传统出版单位。多个政策持续强调推动传统出版单位的数字化转型,积极鼓励传统出版企业通过兼并和重组打造一批出版传媒“航空母舰”;而对于非公有制企业,仅在《关于加快我国数字出版产业发展的若干意见》中明确表示支持,却无进一步的促进措施。这一政策导向有可能改变当前移动阅读行业“民间队”强于“国家队”的现状。第二,行业标准化时代即将来临。自2010年新闻出版总署发布《关于加快我国数字出版产业发展的若干意见》以来,数字出版行业相关标准研制逐渐展开,2011年出台的《新闻出版业“十二五”时期发展规划》更是将“编制完成行业基础性标准,研究编制新业态核心标准”作为数字出版业“十二五”时期的一项任务。因此,在“十二五”期间,数字出版业将逐渐由自发性发展转向标准化发展,标准化进程很可能带来行业内部的大洗牌。第三,电子书行业准入制度加速行业变局。2010年10月发布的《新闻出版总署关于发展电子书产业的意见》确立了电子书行业准入制度,同年11月4日,新闻出版总署公布了首批21家电子书牌照。牌照按照出版、复制、发行、进口四个环节分为四类。首批获准电子书从业资质的单位多为大型传统出版单位(如中版集团、人民出版社等)、移动阅读器制造商(如汉王科技、北京方正、广州金蟾等)以及移动阅读平台运营商(如上海盛大)。这些单位或是根基深厚的传统出版单位,或是电子书商海打拼多年的新兴科技企业。此次牌照的颁发,一方面体现出对电子书产业排头兵的承认;另一方面发出了电子书行业洗牌的信号。随着"持照上岗"成为规范,行业中实力一般却无法获得牌照的企业将不得不淡出市场。

政策文件在谈到发展数字出版业时,多次提及电子阅读、手机出版、电子纸和终端阅读器等移动阅读行业内容,移动阅读行业当前面临良好的政策环境。移动阅读行业作为数字出版领域的子类别,其产业规模、发展增速和产业格局都受到数字出版领域宏观政策导向的影响和制约。近年来,随着数字技术、信息技术、网络技术全面普及,国家已从政策层面承认了以数字出版为代表的新业态作为新闻出版业发展新的战略制高点的重要地位。

2011 年 1 月,新闻出版总署批准,国内第一家数字出版云计算中心——国家数字出版基地在天津空港经济区投入建设。2011 年 5 月,广东国家数字出版基地挂牌;2011 年 7 月江苏国家数字出版基地揭牌;2011 年 9 月,华中国家数字出版基地成立;2011 年 10 月,天津国家数字出版基地挂牌;2011 年 11 月,中南国家数字出版基地挂牌。地方政府层面,2011 年 4 月,上海市政府签发了《关于促进本市数字出版产业发展的若干意见》,"鼓励各类社会资本投资数字出版领域、从事数字出版经营业务"。2011 年 11 月,在政府的支持下,青岛的出版、传媒、通信、IT 等多个行业企业组成的青岛数字出版产业联盟成立,其目标是创建青岛国家级数字出版基地。杭州市政府签发了《关于加快杭州市国家数字出版基地建设的通知》,主要内容是要加大数字出版产业投入力度,在杭州市文化创意专项资金中设立了杭州市数字出版产业发展专项资金。

2.以法律法规强调版权保护

移动阅读等数字出版物复制成本低廉,盗版传播速度快、传播范围广,使得盗版行为严重影响了数字出版业的良性发展。因此,解决好版权保护问题一直是数字出版业发展的重点和瓶颈。近年来,政府在立法上加大了对数字版权的保护力度,以期为数字出版业的发展扫除障碍。从相关法律法规条例中可以看出,早期的著作权法并未涉及数字出版物的版权保护;从2002年开始,政府颁布《互联网出版管理暂行规定》、《互联网著作权行政保护办法》、《信息网络传播权保护条例》、《电子出版物出版管理规定》等多项关涉网络出版物版权保护的法律法规;2010年新《著作权法》以及2012年《中华人民共和国著作权法(修改草案)》中都在之前《著作权法》基础上加大对著作权人网络著作权方面的保护力度。在政策立法的同时,国家还积极研发数字版权管理(Digital Rights Management)技术,如数字水印、数字签名和数据加密等,出版商可以对数字出版进行全程加密监管,从而在技术层面加强版权保护力度。

(二)内容、平台、终端构建移动阅读产业链

移动阅读作为移动互联网行业的后起之秀,其发展速度与市场前景广为业内看好。在巨大的经济利益驱动下,移动通信运营商、传统出版机构、各类读书网站、移动终端制造商等利益相关者纷纷入市圈地,共塑产业链格局。在激烈的自发竞争下,

目前移动阅读市场形成了以内容提供商为上游、以平台运营商为中游、以终端制造商为下游的产业链格局。移动阅读内容以电子的形式诞生,通过内容提供商与平台运营商的合作或是交易,将其信息发布在运营平台上;用户通过自己手中的终端,在平台上进行寻找,实现了与该内容信息的链接;再通过支付平台的实现对内容的支付,再通过平台终端得到自己已经购买的内容。内容从生产到用户实现购买的全部过程,通过的主要利益主体在于内容提供商、平台运营商和终端提供商,广告商和支付平台起以辅助的作用。

以内容提供商来讲,内容提供商目前主要有以下几种形式:以方正为代表的专注于将传统出版内容制作成数字化内容的市场主体;以盛大文学集团为代表的网络文学内容生产商,同时与各大传统图书出版社、期刊出版社、报社等合作,进行数字内容生产业务;大型出版集团组建数字化生产部门,进行电子阅读内容生产业务;还有第三方的数字技术公司通过购买版权或者其他合作形式获得传统阅读内容,进行电子阅读内容生产。整体上看,目前传统出版社拥有的内容并不优于网络文学出版商,但是传统出版商握有大量传统著作内容的版权。传统出版社在内容和版权上显然有着先天优势,从以内容为基础的长远角度来看,具有极大的发展空间和潜力。但是,网络文学凭借其强大的传播力、影响力以及技术优势,发展态势也较为迅猛。另外,内容提供商与产业链下游的平台运营商、终端设备上等多方合作模式多是自主营销,即建立自己的平台,销售自己的内容,推出自有的阅读终端。

按照"全功能"战略发展的现象在平台运营商和终端设备商中间同样普遍。初始阶段专注于内容服务的方正,发展到后

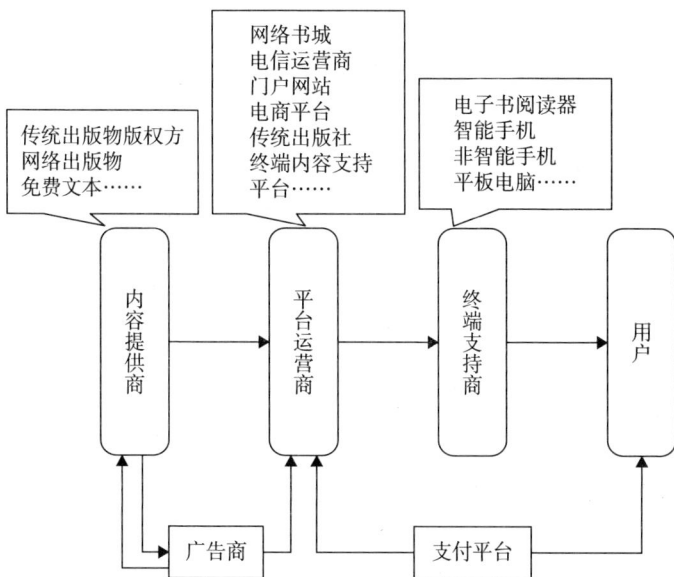

图1　中国移动阅读产业链图①

来推出了自有数字阅读平台"番薯网",以及自有阅读终端Yambook。以提供终端设备发展起来的汉王,在终端设备运营成功后,推出了数字内容平台"汉王书城"。电信运营商中国移动也推出了移动阅读服务"中国移动阅读基地",同时进入内容生产、平台和终端设备的生产环节,并成功在移动阅读市场中占领重要位置。对具体企业商业模式的分析,将会帮助我们看清整个移动阅读产业的发展中遇到的问题。

(三)从典型企业看移动阅读商业模式

1."全能"亚马逊的中国版——当当与亚马逊中国

美国亚马逊通过在电子阅读器市场的四个关键产业链环节

---

① 第一象限整理。

形成独有的接通与延伸模式,成为电商网站进军数字阅读领域的成功典范。

但亚马逊进入中国市场,一方面要面对更加严格的出版控制;另一方面要应对中国读者长期形成的"免费阅读"习惯。中国的数字阅读付费习惯尚未形成,在美国已验证成功的 Kindle 模式,直到 2013 年 6 月才正式登陆国内市场。而当当作为国内最早的从事网络图书销售的网络购物网站,在 2012 年 7 月正式推出自主研发的电子阅读器"都看 doucon",以阅读器带动内容的销售,在国内实践亚马逊的 Kindle 模式。

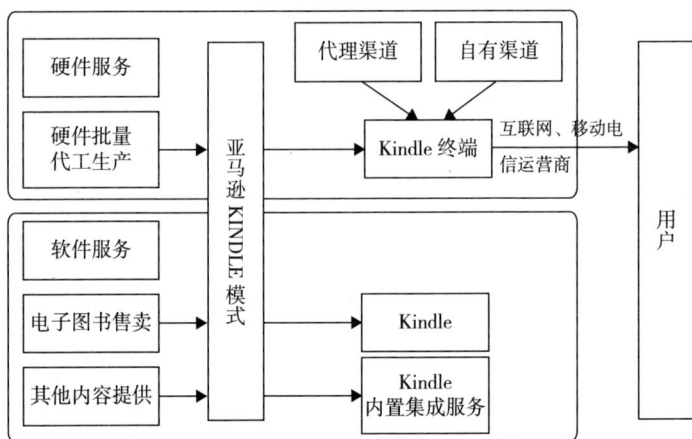

图 2   亚马逊的 Kindle 模式①

"全能"亚马逊的 Kindle 模式在国内主要包括的平台服务和硬件生产两个部分。在平台服务方面,当当是图书起家,在图

---

① 　姚娟:《中美数字出版商业模式比较——以电子书为例》,湘潭大学,2011 年 5 月

书领域拥有丰富的市场资源,而亚马逊则通过收购卓越网,接续了卓越在中国图书零售方面的市场积累,目前当当数字馆和亚马逊中国的 Kindle 电子书书店均拥有包含畅销书在内的数万种中文图书资源提供下载,强大的内容服务是当当和亚马逊在数字阅读领域不可替代的优势,也是顺利建构 Kindle 模式的必要基石。在硬件生产方面,亚马逊于 2007 年 11 月 19 日推出 Kindle 第一代电子阅读器,激活"类纸显示屏"电子阅读器市场,截至 2012 年,Kindle 在全球累计销售量超过 2000 万部。虽然直到 2013 年 Kindle 才正式登陆中国市场,但经过多年的产品开发实践,亚马逊为中国消费者带来了更为成熟的产品。而当当则是在 2012 年 7 月推出第一代"doucon"阅读器,并在 Kindle 内地上市的同一天,正式发布了"都看 2"的预售。虽然从技术支持上仍是亚马逊更胜一筹,特别是亚马逊云端存储服务弥补了硬件内存偏小的问题,但深耕中国市场多年的当当,对用户使用习惯以及对产品的性价比把握则更胜一筹。

在移动阅读市场,网络购物网站拥有较好的付费用户基础,流畅的购买过程,完善的支付系统,在电子书的销售上具有先天的优势。但纸质图书上的销售经验,是否可以照搬到数字阅读的销售上?国外的成功经验,是否能够在国内取得成功,尚待时间的进一步检验。

2.中国移动阅读基地,运营商的大平台

构建全新的图书发展渠道,依托手机用户规模优势,联合出版社和原创网站,成为随身携带的数字图书馆,是中国移动阅读基地的创立理念。2008 年底中国手机阅读基地落户于浙江,2009 年 6 月在浙江使用推广的手机阅读 wap 和客户端平台。

2009年10月,中国移动手机阅读基地开始在包括浙江在内的8省进行试商用。2010年5月5日,中国移动宣布其手机阅读业务正式商用。① 中国移动手机阅读基地的基础用户数累计超过1亿,而且以后每月将新增3000万用户,网上书城的日均点击量超过2亿次。② 中国移动将会在未来5年投资5亿元把中国移动手机阅读基地建成中国最大的无线图书发布平台。截至2013年2月13日,中国移动手机阅读基地上传了396679本书,接近40万种③。

电信运营商介入移动阅读产业链,塑造以维持运营商垄断优势的阅读业务。规模庞大的用户群体,强大的内容整合平台,安全便捷的支付模式,高效的内容推送能力,多选择余地的阅读设备,成为中国移动阅读基地在移动阅读产业中占据优势地位的重要因素。同时,中国移动与各内容提供商之间的合作也极大地促进了移动阅读业的产业化发展。

3.盛大——网络文学的盛宴

盛大的网络文学经营开始于2004年11月对起点中文网的收购,在接下来的几年盛大又陆续收购了红袖添香、晋江文学、榕树下、小说阅读网、言情小说和潇湘书院七家原创文学网站,构建起自己的原创文学王国。庞大的内容资源是盛大最重要的根基,截至2011年6月盛大文学已经储备了约800亿字的原创网络文学内容,拥有约500万部网络和传统畅销书、1000余种

① 姚娟:《中美数字出版商业模式比较研究——以电子书为例》,湘潭大学,2011年5月。
② 钟天华:《手机阅读营造文化新殿堂》,《浙江人大》2011年第5期。
③ 叶新:《共享手机阅读市场的盛宴》,《科技与出版》2013年第4期。

电子期刊杂志、100多万名作家在线写作、每日更新超过7800万字。除网络文学内容资源外,盛大也加强了对传统图书的引进和运营,包括王蒙、刘震云、阿来、麦家、莫言、苏童、毕飞宇等一大批当代著名作家作品,都已与盛大文学签约,授权盛大运作其作品的电子版权销售。在产权的运作上,盛大努力开创以原创文学为核心,整合版权、影视、游戏、音乐、动漫等多方资源的产业链化运营模式。为此,盛大投资8000万元构建了推广版权衍生品的立体化营销平台,并邀请专业作家经纪人对盛大文学的签约作者进行包装宣传,对作品的电子版权、纸质版权、无线发布权以及影视动漫权等进行统一包装营销。海量的内容资源与全方位的版权运作,加上Bamboo阅读器的发布和云中书城的积极运作,使盛大开创了移动阅读产业中的又一特色商业模式。

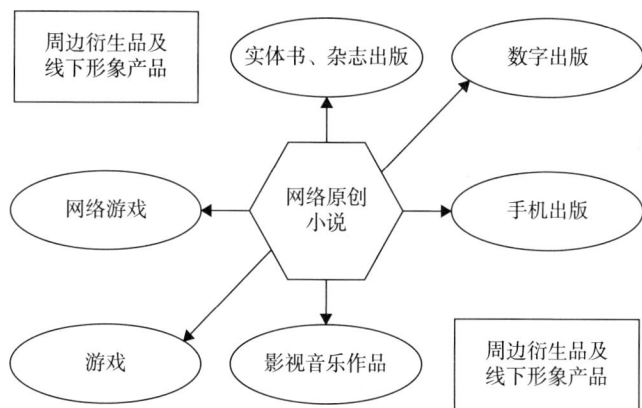

图3　盛大文学的版权经营模式①

---

① 姚娟:《中美数字出版商业模式比较研究——以电子书为例》,湘潭大学,2011年5月。

4.汉王——以终端为突破口、以内容为转型

作为目前国内最大的电子阅读终端设备制造商,汉王走出了一条属于自己的商业化道路,在探寻商业模式的过程中,实现了从设备制造商向平台服务商的转变。在发展的初期阶段汉王将重点放在了利润空间大的终端市场,以预装的方式免费赠送一定数量的电子书促进阅读终端的销售,用阅读器获取的利润补贴购买阅读内容的费用。汉王电纸书中预存的免费电子书,主要以版权保护已经到期不再需支付版权费的名著为主。这种商业模式为汉王积累了用户,开辟了自己的市场。随着国外品牌的终端设备进入国内市场,国内华硕、华为等众多厂商的加入,汉王在终端设备市场的份额受到威胁。这使得汉王将发展的目光投向了内容服务,推出了内容平台汉王书城,初步形成"阅读终端+平台"的商业模式。但是版权分散和版权收集成本高的问题也是汉王必须面对的问题。无论是采取提高阅读终端的价格,还是提高电子阅读内容的价格,还是学习盛大创建自己

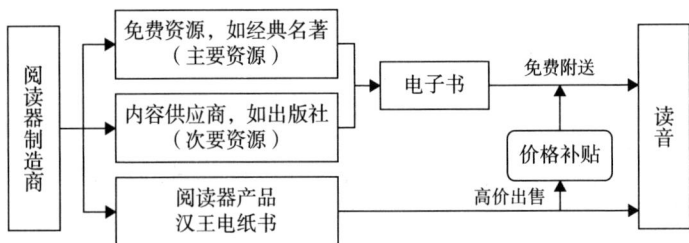

图 4　汉王电纸书商业模式图①

---

① 姚娟:《中美数字出版商业模式比较研究——以电子书为例》,湘潭大学,2011 年 5 月。

的版权内容,都不是容易走的道路。

5.方正番薯网——纸质图书的数字化运作

方正是中国最早的数字图书运营商之一,从 2001 年开始做数字出版业务以来,方正主要把出版社的内容数字化提供给图书馆、政府机构和学校等。2009 年 7 月,方正推出数字图书门户“番薯网”。与其他电子阅读平台相比,方正番薯网的关键优势在于其强大的传统图书内容的整合能力。就内容资源来讲,与盛大文学以网络原创文学不同,番薯网把方正阿帕比多年累积下来的图书和出版内容放到了互联网上。目前,番薯网已与中国出版集团、万榕书业等 500 多家出版机构合作,为用户提供57 个类别、180 万册图书信息资源,其中 60 万册的电子图书资源可供用户试读或者购买。2010 年 9 月,番薯网推出自有电子阅读终端 Yambook,随后又推出了 Android 系统的阅读客户端,将电子阅读服务从电脑终端和手持电子阅读器延伸到手机终端,实现方正基于数字阅读内容的“内容+平台+终端”的商业模式布局。

(四)湖南地区的数字阅读发展

1.湖南省政府推动数字阅读建设

技术的发展与普及使数字阅读成为阅读的重要形式之一,湖南省政府紧跟时代步伐,重视数字阅读的建设与发展,充分利用其便捷的阅读方式和丰富的内容资源,使其成为促进全民阅读的重要形式。

2010 年底,中国联通数字阅读基地落户湖南,按照湖南省委省政府与中国联通的合作协议,中国联通将在未来五年投入150 亿元进行“数字湖南”建设,包括 2G 网络、3G 网络、宽带网络等,其重点项目之一是数字阅读基地。① 中国联通数字阅读基地落户湖南,有利于整合出版传媒业、数字内容加工制作业和互联网技术支撑服务业等,从而带动整个产业链的发展。2012年10月22日,湖南省政府与中国电信集团公司签署《共同建设"数字湖南·智慧城市"信息化战略合作框架协议》,未来3年中国电信将投入280亿元重点推进宽带、光网、物联网、云计算等信息基础设施建设。② 中国电信通过采用光通信技术、IP技术和云计算等新一代信息技术对网络进行升级改造,实现互联网、网联网、通信网等网络资源的整合共享,通过宽带提速、光网城市建设搭建大容量高速度网络。毋庸置疑,这一大规模的基础设施建设将有利于湖南整个数字阅读产业的发展,也将为湖南民众带来更加便捷的数字阅读服务与更加良好的数字阅读体验。

2.湖南地区数字出版业的发展

随着互联网技术与应用的成熟和移动互联网的崛起,全球范围内数字阅读成为出版行业发展的一个重要趋势。出版企业作为数字阅读重要的内容筛选者与提供者,也在加紧布局数字阅读以及移动阅读领域。

2010年7月26日,中南国家数字出版基地落户湖南。作为新闻出版署与湖南省政府的共建项目,该项目目前已经是被列为湖南省"十二五"规划重大项目。中南国家数字出版基地

---

① 邹靖方:《"数字阅读"引领新兴文化消费》,《湖南日报》2012年2月14日。

② 微微:《湖南与中国电信共建智慧城市》,《湖南日报》2012年11月2日。

的建设思路为依托湖南省出版产业基础,以发展数字内容产业为核心,以无线和有线网络为传输手段,通过整合内容资源,建立强大的数字内容生产、营销、服务的集成若干强大的、各具特色的数字内容专业运营平台。①

2011年1月19日中南传媒与华为签约合作,共同开拓全球数字阅读市场,双方整合在内容、技术、渠道、市场、品牌等方面的优势,共同创立专注于数字出版与营销服务的运营平台,构建覆盖全球的营销发布体系。2012年5月,中南传媒宣布其全链条进入数字化生产模式,重点打造天闻数媒大众阅读和数字教育平台,以红网、掌上红网为核心的新闻资源聚合平台,以潇湘晨报数据库和数字社区为主体的社区综合服务平台,建设基于社交与位置的数字阅读服务。

2011年5月13日在第七届中国(深圳)国际文化产业博览交易会上,近40家湖南数字企业参展,这反映了湖南出版业向着数字出版的方向发展。当日,湖南省青苹果数据中心有限公司与广东出版集团、衡阳领航科技有限公司和北京东方慧灵科技发展公司签订《电子书数字化项目》、《内置式数字内容平板电脑合作项目》与《阅读平台数字出版物合作项目》三个数字化协议,总投入8000万;湖南省中信泽实业公司与北京中文在线有限公司签订《手机阅读》项目,总投资5000万元。湖南省出版企业在为读者提供更加便捷、丰富、优秀的阅读资源方面做着自己的努力。

---

① 《打造"数字湖南"标志性工程——中南国家数字出版基地建设蓝图确定》,《湖南日报》2011年1月19日。

三、移动阅读的崛起

在我国,移动阅读行业的发展动力来自手机出版产业规模的扩张、移动智能终端持有量的增长以及国民数字化阅读行为的普及。移动阅读市场自 2005 年兴起以来,在三大因素的合力影响下迅速发展,在市场容量、用户规模、终端数量等方面发生了质的飞跃。总体来看,移动阅读行业当前发展势头迅猛,市场环境利好信号明显。

（一）数字阅读时代来临,手机出版产值庞大

随着传统出版物数字化的推进和网络原创文学的发展,数字阅读的时代已经到来。中国出版研究院于 2013 年 7 月 31 日发布的《2012 年—2013 年中国出版业发展报告》(中国出版蓝皮书)数据显示,2012 年,我国数字出版产业累计用户规模达到 11.82 亿。2012 年我国数字出版产业整体收入中,网络游戏达到 569.6 亿元,包括手机彩铃、铃声、手机游戏等在内的手机出版达到 486.5 亿元,网络期刊收入达到 10.83 亿元,电子书达到 31 亿元,数字报纸达到 1.9 亿元,博客 40 亿元。从发展速度方面看,2012 年互联网期刊的收入规模从 2006 年的 5 亿元增长到 2012 年的 103 亿元;2012 年电子图书收入是 2011 年的 7 亿元的 4.4 倍,而手机出版收入规模从 2006 年的 80 亿元,发展到 2012 年的 486.5 亿元,依然在强势增长中。

在整个数字阅读市场中,手机出版的产值规模始终占据整体规模的三分之一左右。目前,手机出版已成为数字出版业的第一大产业门类,成为产业链中各方博弈的重要阵地。当前,

（单位：亿元）

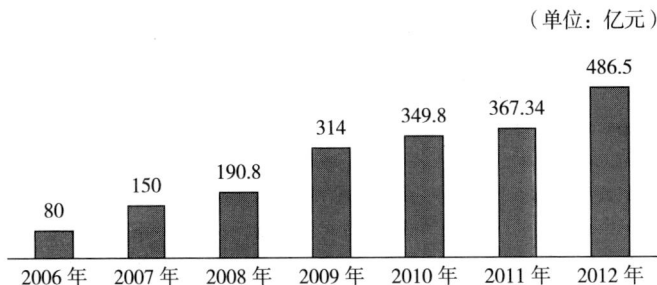

图5　2006—2012年手机出版产业规模①

"大力发展数字出版产业"已成为"十二五"期间新闻出版业的发展口号,在这一政策引导下,数字出版产业规模将会在未来几年内继续保持强劲增势。

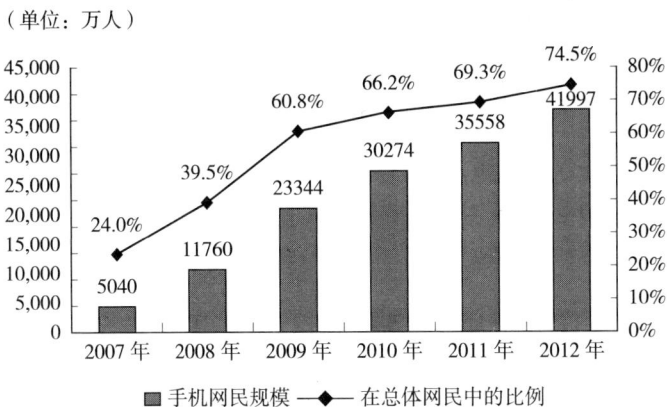

手机网民规模　——在总体网民中的比例

图6　2007—2012年我国手机网民规模②

① 中国新闻出版研究院:《中国数字出版年度报告》(第一象限整理)。
② CNNIC:《第31次中国互联网络发展状况统计报告》。

（二）手机网民规模扩张，占网民总体近七成

用户规模是一个产业市场容量的决定性因素。根据
CNNIC《第31次中国互联网络发展状况统计报告》数据，在
2009年至2012年的三年间，我国手机网民规模迅速增长，截至
2012年12月，我国手机网民规模达到4.2亿人，占总体网民比
例达74.50%，较2011年增长3.8个百分点，比2011年底手机
网民增加6440万人。庞大的手机网民规模为手机阅读市场的
普及和盈利提供了广阔的空间。

（三）3G智能终端普及，手机阅读增长可持续

自2010年三大运营商发力3G技术普及以来，我国3G用
户规模增长迅速，占移动电话用户总量的比重不断提升。截至
2012年3月底，我国3G用户规模达到15206万户，为去年同期
的约2.47倍。超过1.5亿的智能终端持有量不仅为手机阅读
业务的推进提供了广阔的用户基数，同时也为手机阅读的内容
创新、相关广告的形式创新提供坚实的技术背书，促进手机阅读
市场的长期可持续发展。

（四）数字化阅读行为普及，用户基数转为用户资源

庞大的用户基数和终端持有量需要用户使用率作为支撑，
只有当移动阅读行为逐渐普及，庞大的用户基数才能真正转化
为用户资源，为产业的发展提供支持。从中国出版科学研究院
进行的第六次至第九次全国国民阅读调查中可以看出，我国国
民数字化阅读接触率自2008年以来增长迅速，2011年达到
38.60%。在数字化阅读行为中，网络在线阅读与手机阅读是
主要方式。第十次全民阅读调查数据显示，2012年全民的数
字阅读数字化阅读方式（网络在线阅读、手机阅读、电子阅读

（单位：万户）

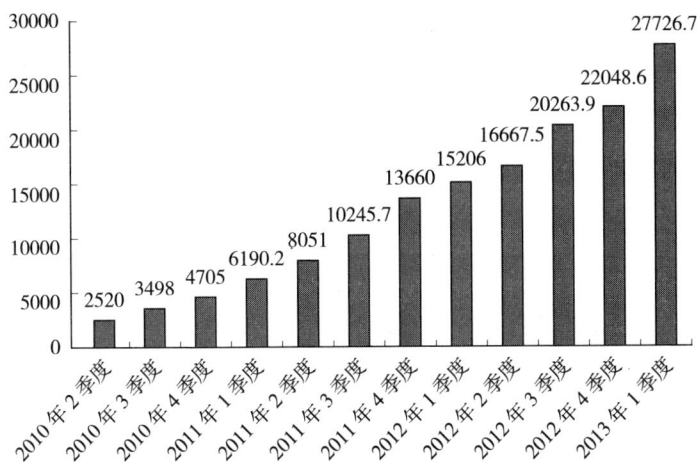

图7　3G用户规模趋势图①

器阅读、光盘阅读、PDA/MP4/MP5 阅读等）的接触率为
40.3%,较 2011 年的 38.6% 增加了 1.7 个百分点。2012 年国
民中有 32.6% 的民众进行网络在线阅读,与 2011 年的 29.9%
相比,增加了 2.7 个百分点;国民中手机阅读率为 31.2%,相
较于 2011 年的 27.6%,增加了 3.6 个百分点;约有 4.6% 的国
民通过电子阅读器阅读,比 2011 年 5.4% 下降了 0.8 个百
分点。

　　综合看来,我国国民数字化阅读的总体趋势是向上的,相
比于稳定的国民综合阅读率,数字化阅读比例每年都保持着

---

① 工信部 2010—2013 年通信业主要指标完成情况,第一象限整理。

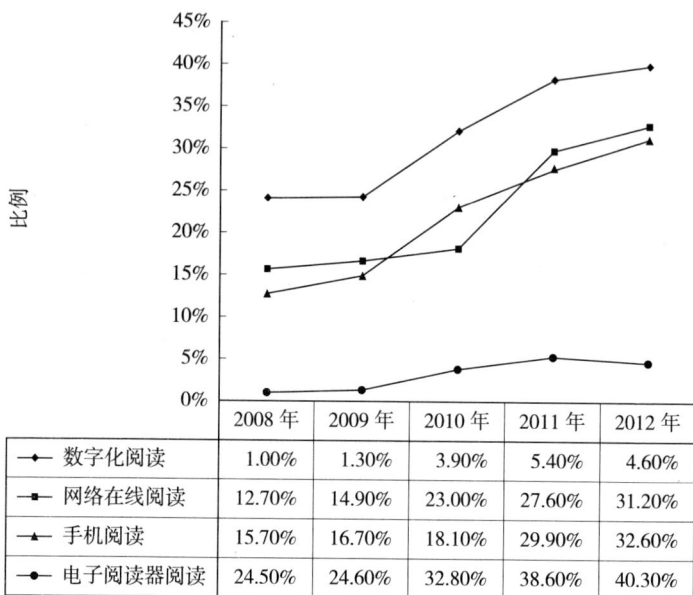

	2008 年	2009 年	2010 年	2011 年	2012 年
◆ 数字化阅读	1.00%	1.30%	3.90%	5.40%	4.60%
■ 网络在线阅读	12.70%	14.90%	23.00%	27.60%	31.20%
▲ 手机阅读	15.70%	16.70%	18.10%	29.90%	32.60%
● 电子阅读器阅读	24.50%	24.60%	32.80%	38.60%	40.30%

图 8   2008—2011 年国民数字化阅读趋势图①

较快的增幅,数字化阅读行为逐渐普及。随着这一趋势,移动
阅读庞大的用户基数将更多地转化为用户资源,而用户资源
反过来又将形成广泛的市场需求,促进移动阅读行业发展,在
这一互动过程中,移动阅读成为国民阅读生活的一个重要
选择。

---

①　资料来源:中国出版科学研究院:《全国国民阅读调查》,第一象限整
理,调查对象为 18—70 周岁的中国国民。

第三章 居民阅读和图书消费现状

一、当前我国国民阅读情况

随着信息技术的进步,经济的发展,人们更加直观地感受到社会的动态变化,对知识的关注不再仅仅停留在社会的精英阶层,在信息社会中的普罗大众也逐渐从日常生活的经验中感受到信息与知识的重要性。

1.全国国民图书阅读整体上呈增长的趋势

根据全国国民阅读调查报告数据显示,我国国民图书阅读率呈现出上升的趋势,从 2008 年的 49.30% 上升至 2012 年的 54.90%。

从阅读量上来看,我国国民的纸质图书和电子书的阅读量均有增长。2012 年成年公民一年的纸质图书阅读量为 4.39 本,略高于 2011 年的 4.35 本,电子书的年人均阅读量为 2.35 本,与 2011 年的 1.42 本相比,增长了 0.39 本。即便如此,大部分的民众对自己的阅读量仍不满意,认为自己的阅读量不足,仅有 8.4% 的民众对自己当前的阅读量是较满意的态度,与 2011 年相比,国民的阅读量满意情况有所下降。伴随着知识社会的理念在民众中的扩散,民众的个人阅读意识增长,成为推动国民阅读量提高的内在动力。

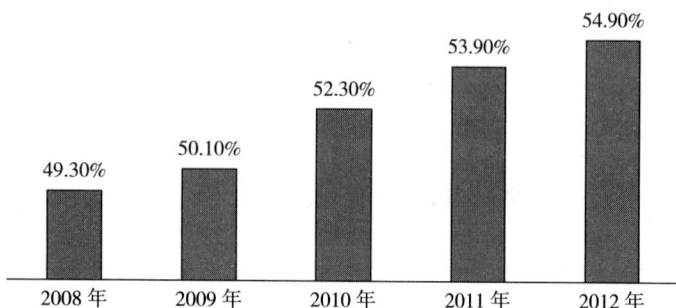

图9   2008—2012 年全国国民图书阅读率①

2.电子阅读成为阅读的重要补充

从纸质图书和电子书的阅读量上看,纸质读物仍然是70.0%以上的国民偏爱的阅读媒介。第十次国民阅读调查对国民阅读形式的研究发现,74.4%成年民众更倾向于"拿一本纸质图书阅读",有13.2%的国民偏爱"网络在线阅读",有9.0%的国民喜欢"手机阅读",有2.2%的人选择"在电子阅读器上阅读",1.3%的国民"习惯从网上下载并打印下来阅读"。有电子阅读经历的民众中约有9.4%的人表示,在阅读过某一电子书后还曾购买过该书的纸质版本,但是,这项指标较2011年的11.8%下降了2.4个百分点,同时从个人纸质阅读内容和数字阅读内容阅读量的变化情况来看,14.5%的民众在2012年减少了纸质内容的阅读,而只有7.3%的国民增加了纸质阅读内容;4.4%的民众减少了数字阅读内容,但7.3%的民众增加了数字阅读内容,可见人们对电子阅读的接受度在提高,电子书对纸质

① 数据来源:中国新闻出版研究院第六次至第十次《全国国民阅读调查》。

图书的替代性在增加。电子阅读与传统阅读相辅相成,成为传统阅读的重要补充。无论从意识还是行为上看,电子阅读都已成为一种趋势。

3.文化繁荣,阅读资源极大丰富

无论是国民图书阅读率的上升,还是阅读形态的多样,从根本上说都得益于人们对于知识重要性的认知和向往,阅读意识的提升推动了阅读行为。同时文化的极大繁荣,为人们提供了更多有益、有趣的阅读内容,也是推动人们更乐于读书的另一根本原因。

新闻出版总署于 2013 年 7 月公布的"2012 年全国新闻出版业基本情况"数据显示,截至 2012 年底,全国共有出版社 580 家,其中中央级出版社 220 家,地方出版社 360 家。2012 年全国共出版图书 414005 种,其中初版 241986 种,重版、重印 172019 种,与 2011 年相比,图书品种数增长 12.04%(初版增长 16.62%,重版、重印增长 6.17%)。图书品种的极大丰富,显示出我国文化市场一片繁荣景象,为居民的生活源源不断地供给阅读资源,为阅读带来了更多选择。

全国各出版单位也在积极努力为居民提供更多更好的阅读资源,市场上出现了一大批文学性、科学性与通俗性并存的畅销读物,让读者能够在轻松的语境下,更好地享受阅读带来的快感。从北京开卷信息技术有限公司监控的 2013 年全国大众畅销书排行榜(不含少儿)上来看,畅销书类型、题材丰富多样,既包括哈佛教授对我国优秀领导人的研究(《邓小平时代》)、学者对新技术开启的时代转型与变革研究(《大数据时代》),也包括诺贝尔文学奖获奖作品(《百年孤独》)、央视记者的自我历程回顾(《看见》)和子女教育问题的经验分享(《好妈妈胜过好老师》)。

图书阅读率的提升,既要公众想读书,拥有良好的阅读意识,更要让公众有书读,获得便捷的阅读资源。只有好的内容才能带给读者阅读的兴致,才能让读者从阅读中获益。无论纸质书或电子书,归根到底只是阅读的形式,内容才是一切的根基。鼓励优秀作品的创作,保证优秀作品的出版与宣传,使好的作品能够让更多的人所知所读,让更多的人从阅读中获益,这,也正是全面阅读推广的核心意义所在。

表3　2013年上半年全国大众畅销书排行榜TOP10①

排名	书名	出版社	作者	定价
1	看见	广西师范大学出版社	柴静	39.8
2	正能量	湖南文艺出版社	理查德·怀斯曼	29.8
3	谁的青春不迷茫	中信出版社	刘同	35
4	好妈妈胜过好老师	作家出版社	尹建莉	28
5	全世界人民都知道	新星出版社	李承鹏	29
6	邓小平时代	生活·读书·新知三联书店	傅高义	88
7	我所理解的生活	浙江文艺出版社	韩寒	29

---

① 数据来源:北京开卷信息技术有限公司全国图书零售市场监控数据。

续表

排名	书名	出版社	作者	定价
8	百年孤独	南海出版社	加西亚·马尔克斯	39.5
9	谢谢你离开我	湖南文艺出版社	张小娴	30
10	大数据时代	浙江人民出版社	维克托·迈尔-舍恩伯格,肯尼思·库克耶	49.9

二、湖南省城市居民阅读现状

一方水土养一方人,湖南素来是鱼米之乡,物产丰富,衣食无忧,仓廪实而知礼仪,故即使家有万贯,仍在追求书香绕梁。湖南是学风浓郁的文化圣地,造就了好读书的湖湘儿女,也造就了"唯楚有材,于斯为盛"的优良传统。一直以来,湖南省委、省政府都将居民的阅读情况作为衡量湖南省文化建设的重要指标,为了对湖南省城市居民的阅读情况有整体的把握,在2011年至2013年的三年中,对湖南省城市居民的阅读基本情况进行连续调研,从阅读的内容、阅读行为、阅读意识及阅读信息等方面入口全面考察湖南省城市居民的阅读情况。

表4　2013年湖南省城市居民不同类型阅读比例

	阅读人群比例		阅读人群比例
纸质报纸	59.8%	电子报纸/网页	80.5%
纸质杂志	55.0%	电子杂志	18.3%
纸质图书	36.3%	电子图书	34.4%

从 2013 年的调查数据来看,两种阅读形态,纸质和电子阅读的读者规模有所差别。电子报纸或上网浏览网页的人群比例最高,达到 80.5%,说明电子浅阅读是目前普及面最广的阅读形式,互联网的普及使得大部分湖南城市居民都能接受这种快捷方面的获取资讯的方式。而在纸质浅阅读上,纸质报纸的阅读人群比例为 59.8%。而在深阅读上,纸质和电子阅读也有着显著的差异,特别是在杂志的阅读上,纸质杂志阅读人群比例为 55%,而电子杂志的阅读比例仅为 18.3%,说明杂志这一媒介类型在湖南城市居民中的电子化推广比例仍相对较低,电子杂志尚未对纸质杂志构成明显的威胁关系,读者规模为所有阅读类型中最少,处于边缘化位置。而图书的纸质阅读率和电子阅读率则差异较小,纸质图书阅读比例为 36.3%,电子图书为 34.4%,差异仅为 1.9 个百分点。不过通过对纸质图书和电子图书读者年龄结构的观察,可以发现,纸质图书在 36—45 岁年龄段以上的人群的比例较高,而相反,电子图书的读者在 26—35 岁以下的年龄段的人群比例较高。

表 5　2013 年湖南省不同年龄段城市居民纸质图书和电子图书阅读比例对比

	纸质图书	电子图书
15—18 岁	2.1%	3.2%
19—25 岁	29.2%	35.3%
26—35 岁	34.7%	39.9%
36—45 岁	22.6%	17.1%
46—55 岁	6.9%	2.9%
56 岁及以上	4.5%	1.6%

（一）阅读内容——读什么

阅读什么类型的书,反映了居民的阅读偏好和阅读需求,而阅读类型数量的多少则反映了居民阅读面的宽窄。从类型上看,居民的杂志阅读包含生活、文学、娱乐、时尚、时政、旅游、军事、体育、经管、漫画、学术、IT 技术等主题,图书阅读则分为小说、生活休闲、历史哲学、专业考试类用书、心理励志、经济管理、诗歌散文、教辅教材、科技、外语类等类型。从类型数量上看,用阅读丰富度来衡量城市居民阅读书籍的类型的多少,阅读丰富度得分高说明其阅读的类型更多,阅读面越宽,资讯摄取范围更加广泛。

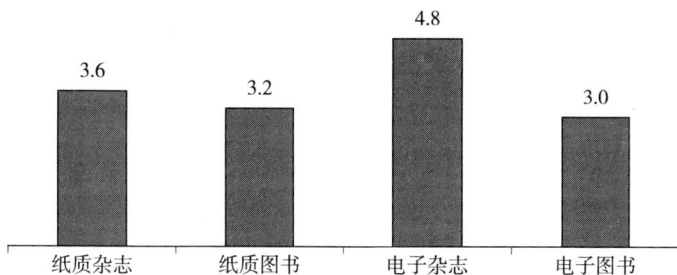

图 10 湖南省城市居民阅读丰富度概况

1.杂志阅读涉猎广泛,电子图书阅读类型相对较少

总体来看,杂志的阅读丰富度高于图书,主要由于以获取资讯为重要目的的杂志阅读,会让读者更倾向于获取多类信息。其中电子杂志阅读人群平均阅读类型数量为 4.8 种,高于纸质杂志的 3.6 种。而在图书的阅读类型上,纸质图书和电子图书阅读类型数量基本相同,纸质图书相对更多。

2.电子杂志阅读诉求偏向休闲

通过表6可以看出,湖南省城市居民纸质杂志和电子杂志的阅读类型的基本情况。纸质杂志方面,阅读较多的类别为生活、文学、娱乐、时尚。其中生活类杂志的阅读优势较为明显。漫画、IT、学术类纸质杂志阅读比例较低。电子杂志方面,阅读较多的类别为生活类、娱乐类、时尚类和文学类,而IT类、学术类和漫画的阅读人群比例较低。对比纸质杂志和电子杂志的阅读情况来看,尽管电子杂志的阅读人群规模较小,但是整体上电子杂志的各类型书籍的阅读均比例高于纸质杂志,其中电子杂志阅读比例较纸质杂志阅读比例领先最多的两个类型是娱乐和旅游类,说明相较于纸质杂志,电子杂志的读者对于其内容的诉求更偏向于生活休闲类的内容。

表6　2013年湖南省各市州城市居民纸质杂志
和电子杂志阅读类型对比

	纸质杂志	电子杂志	差值 (电子杂志—纸质杂志)
娱乐	37.90%	55.20%	17.30%
旅游	30.70%	44.60%	13.90%
时政	31.10%	43.90%	12.80%
IT 技术	16.50%	28.90%	12.40%
时尚	35.10%	46.70%	11.60%
体育	23.90%	34.00%	10.10%
军事	26.20%	36.20%	10.00%

续表

	纸质杂志	电子杂志	差值 （电子杂志—纸质杂志）
学术	17.60%	27.50%	9.90%
经管	20.40%	29.60%	9.20%
漫画	18.20%	25.60%	7.40%
生活	53.20%	57.40%	4.20%
文学	42.80%	46.00%	3.20%

3.电子图书阅读方面,小说一枝独秀

在纸质图书阅读方面,比例较高的是小说、生活休闲和历史哲学三个类别,比例较低的是科技类及外语类。通过图10可以看出,在电子图书阅读方面,人们的阅读重点主要集中在小说类,阅读人群比例超过75%,其次是生活休闲类,阅读比例也达到45%。其他类别的电子图书的阅读比例均处于较低水平,阅读比例最低的是外语类、诗歌散文类和教辅/教材类的图书。对比各类纸质图书和电子图书的阅读情况来看,电子图书在小说和生活休闲类两个类型的阅读比例领先于纸质图书,而在其他类型纸质图书均领先于电子图书。从中可知,在电子图书阅读的读者更偏向于轻松休闲的内容,这一方面符合读者的碎片化阅读的阅读形态,另一方面,以小说阅读为主的电子图书成为当代城市居民除开电视、网络等媒介获得休闲娱乐的重要渠道。

表7　各类型的纸质图书和电子图书阅读的
具体对比情况

	纸质图书	电子图书	差值 （电子图书—纸质图书）
小说	52.4%	75.8%	23%
生活休闲	43.5%	45.0%	1%
外语类	13.5%	11.4%	-2%
科技	23.1%	20.4%	-3%
心理励志	32.2%	28.5%	-4%
经济管理	31.0%	24.7%	-6%
历史哲学	36.1%	29.1%	-7%
诗歌散文	26.5%	18.4%	-8%
教辅/教材	25.5%	17.1%	-8%
专业考试类用书	32.2%	22.9%	-9%

4.女性爱休闲，男性重专业，年龄两端读小说

依据图书类型将其分为休闲娱乐维度和实用专业维度。不同人群的图书阅读类型在这两个维度上存在较为明显的分布差异，从不同阅读介质来看，纸质图书和电子图书阅读类型的群体差异基本一致，下面就从纸质图书来看不同群体在阅读类型上的偏好差异。

在性别上看，女性比男性更爱阅读小说类、生活休闲类、心理励志类、诗歌散文类等以休闲娱乐内容为主的纸质图书类型。而男性比女性更爱阅读历史哲学类、专业考试类用书、经济管理

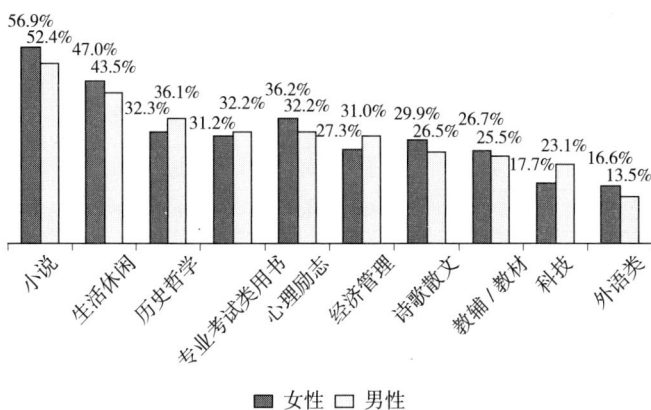

图 11　湖南省城市居民纸质图书类型阅读情况

类和科技类以实用的专业性为主的纸质图书类型。女性在纸质图书类型的选择上更偏爱生活化的、休闲化的、文学化类型的书籍。而男性则更偏爱理商科目类的、学科专业的内容。

在年龄上看,专业考试类用书、心理励志类、教辅/教材类的书籍,15—18 岁年轻人的阅读比例最高,并且随着年龄的增大其阅读比例下降。与之相反的是,历史哲学类、经济管理类、科技类的书籍,随着年龄的增大,其阅读比例增加。而小说类、诗歌散文类和外语类,随着年龄的增加,其阅读比例先减少后增加。从各个年龄段来看,年轻人更偏爱同学习相关的考试类用书和教辅类书籍。一方面说明年轻的学生群体对于自身的学业十分看重,另一方面说明学生群体其他类型的书籍涉猎不足,并不是十分有利于学生群体的全面发展。在中年群体中阅读比例较高的类型是经济管理和历史哲学两类。

表8   各年龄段的纸质图书类型阅读情况

	15—18 岁	19—25 岁	26—35 岁	36—45 岁	46—55 岁	56 岁及以上
小说	76.0%	56.5%	48.6%	53.2%	41.3%	55.8%
生活休闲	28.0%	40.9%	46.2%	42.6%	53.8%	36.5%
历史哲学	24.0%	32.1%	34.7%	39.5%	48.8%	42.3%
专业考试类用书	48.0%	45.9%	29.3%	25.5%	20.0%	11.5%
心理励志	40.0%	39.1%	32.3%	28.1%	20.0%	21.2%
经济管理	12.0%	27.1%	35.2%	32.3%	37.5%	17.3%
诗歌散文	40.0%	29.1%	21.8%	27.4%	27.5%	32.7%
教辅/教材	44.0%	32.6%	22.8%	20.5%	23.8%	17.3%
科技	24.0%	17.9%	19.1%	27.0%	37.5%	46.2%
外语类	28.0%	20.3%	10.9%	8.0%	10.0%	15.4%

(二)阅读行为——怎么读

阅读的频率表明了居民的阅读粘性,不同类型(如报纸、杂志、图书)或不同介质(如纸质、电子)都有不同的阅读粘性。频率越高,表明居民的阅读情况越好,该种阅读方式对居民的吸引力越大。

1.阅读介质打破类型阅读周期

从读者阅读纸质报纸、杂志以及图书的频率来看,报纸的阅读频率在三种阅读类型中最高,在阅读纸质报纸的居民中有22%会每天阅读,说明了纸质报纸对于阅读群体的粘性较大。其次阅读频率较高的是纸质图书,阅读图书的居民中19%会每天阅读,而杂志阅读频率最低,这也和杂志的出版周期有关,大多数阅读者的频率集中于每月2—3天或每周1—2天。

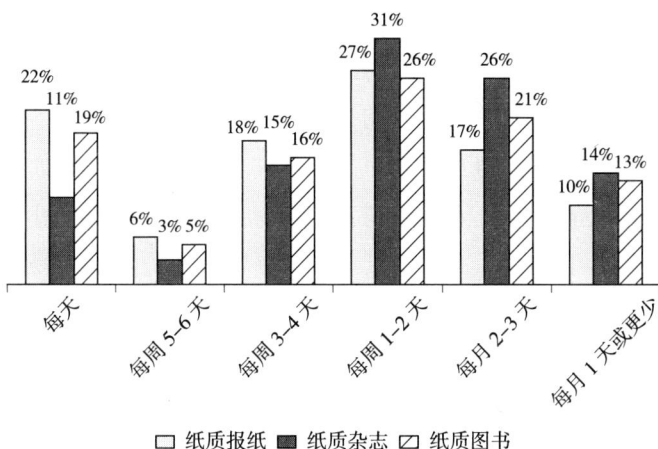

图 12　纸质报纸、杂志及图书的阅读频率

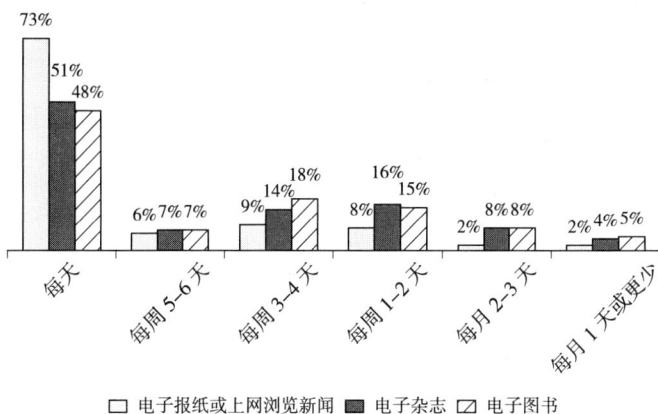

图 13　电子报纸、杂志及图书的阅读频率

　　从不同类型的电子媒介阅读频率来看,一方面是阅读频率的大幅提升,另一方面电子媒介的便捷属性,也打破了纸质媒体的周期性阅读习惯,最明显的是杂志,不再受到阅读周期的限制,只能遵循出版周期每周或每月进行阅读。数字阅读时代的杂志,也变得随时、随地。有数据表明,阅读频率大幅提升,阅读电子杂志的人群中,有51%的人会每天阅读。

而综合纸质、电子介质的各种媒体,每天阅读电子报纸或上网浏览新闻的人群比例达到73.3%,远远超过了其他阅读类型。由此可以看出,电子报纸或上网浏览新闻的数字浅阅读的阅读方式已经成为当今湖南省城市居民获取资讯的最主要的媒介渠道,同其他阅读类型相比,这种使用手机随时随地查看新闻或通过互联网方便快捷的浏览资讯的信息获取方式吻合现代城市居民紧凑的生活节奏。信息就这样"见缝插针"似的进入到现代人"急吼吼"的生活学习之中。

2.更轻更快更高频率的数字阅读

纸质报纸 VS 电子报纸:

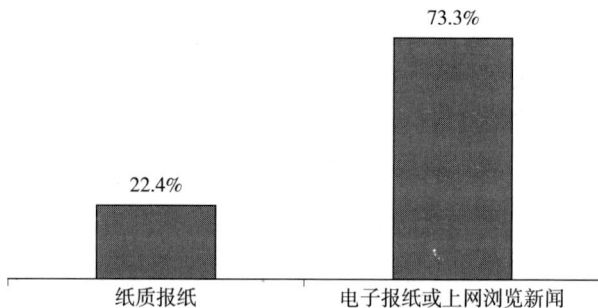

图14　对比纸质报纸同电子报纸或上网浏览新闻的阅读频率

通过图14可以看出,在对比纸质报纸和电子报纸或上网浏览新闻阅读频率的情况可以发现,就每天都阅读的频率来看,纸质报纸的阅读频率远远低于电子报纸或上网浏览新闻的阅读频率,纸质报纸的人群比例为22.4%,而电子报纸或上网浏览新闻的人群比例为73.4%。在内容提供方面,纸质报纸和电子报纸或互联网新闻类似,都是最新的国际的、社会的时事新闻为主,因此可以说电子报纸及互联网新闻是在数字化时代及互联网时代的传统纸质报纸的替代品,换句话说纸质报纸同电子报纸及互联网新闻是在同一领域进行竞争,抢夺受众的时间或眼球。

与此同时,传播相同内容的不同媒介的纸质报纸和电子报纸或互联网新闻存在工具性的差异。首先,从媒介实体上看,人们阅读纸质报纸通常在印刷的纸张上完成,而电子报纸或互联网新闻则可通过手机、电脑、PAD等多种数字终端完成,其中手机是人们的重要工具。其次,在时空维度上看,纸质报纸在对新鲜资讯的报道上具有时间上的延后性,而互联网资讯的产生,尤其是社会化媒体如微博,是流动性的。身处在互联网资讯中的人们,可以随时进入到这条"信息的河流"中去阅读。在空间上,手机等移动终端的出现使得互联网摆脱了PC端束缚成为移动互联网,掌中的手机使得资讯阅读变得随时随地可获得。WIFI或3G网络的无处不在意味着互联网大门随处向人们打开,资讯阅读的行动成本或许就意味着手指轻触几下屏幕,与之对应的,寻找报刊亭购买报纸的传统阅读就显得成本过高。显而易见的是,前者更契合当代的生活节奏,快而高压的生活频率更适合碎片化的易得的轻阅读,与之相比传统的纸质报纸阅读之重则处在竞争的下风了。

纸质杂志VS电子杂志:

通过图15可以看出,在杂志阅读领域纸质杂志和电子杂志

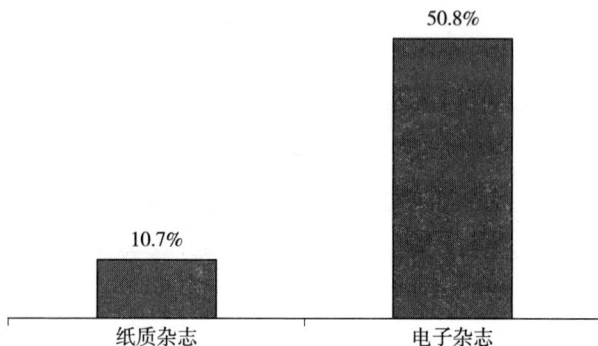

图15　对比纸质杂志和电子杂志的阅读频率

的竞争情况。之前的分析指出,电子杂志在竞争上处于弱势地位,大部分读者未进入电子杂志阅读市场,依然保留纸质杂志的阅读习惯。而电子杂志则有所不同,在"每天阅读"这一阅读频率的人群比例来看,电子杂志读者中有50.8%的人会每天阅读电子杂志,这说明尽管电子杂志在阅读市场上处于边缘位置,其却拥有一定比例的忠实读者,在阅读行为上保持良好的粘性,对于这部分电子杂志的读者而言,其为每日必读的生活必需品。因此,尽管同样为杂志,但是对于纸质杂志和电子杂志的读者来说却拥有不同的主流阅读习惯,纸质杂志的阅读频率较电子杂志的阅读频率更低,纸质杂志的阅读是以周为单位进行的,而电子杂志则是以日为单位进行的,一方面是由于互联网阅读的便捷性和易得性以及内容更新频率更高;另一方面则是由于纸质杂志的阅读成本更高。

纸质图书 VS 电子图书:

尽管湖南省城市居民用户在阅读纸质图书和电子图书的规模上相近,但是每天阅读纸质图书的读书人比例仅为19.2%,

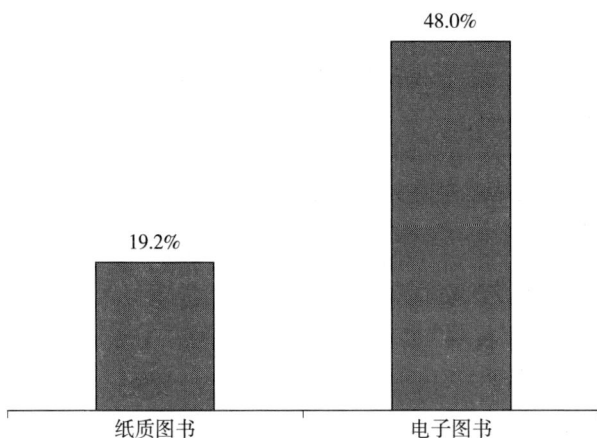

图 16 对比纸质图书和电子图书的阅读频率

而在电子图书的阅读频率方面，每天阅读电子图书的比例为48.0%，远远高于每天阅读纸质图书的比例。根据调查数据显示，手机已成为阅读电子图书的最重要终端，读者使用比例为83.0%，正是由于电子阅读设备的便携性，更好的契合了城市居民的生活节奏，使得居民阅读电子书的频率提高，粘性增长。

另一方面在阅读图书的类型上来看，纸质图书阅读排名前三的图书类型是小说、生活休闲和历史哲学三个类别。小说类纸质图书阅读优势较为明显。科技类及外语类纸质图书阅读比例较低。电子图书的阅读类型中，排名前三的图书类型是小说、生活休闲和历史哲学三个类别。尽管这三个类型的排名同纸质图书相同，但是在阅读比例上来看，电子图书的小说类型的阅读人群比例超过75%，远远高于纸质图书的小说阅读人群比例的52.4%。而在电子图书的其他类型的阅读比例上则大部分低于纸质图书的人群比例。由此可知，电子图书的读者阅读诉求更集中于小说的阅读,偏重于较为轻松、休闲的内容而不是专业性的、知识性的更加"艰难"的内容。这也在一定程度上解释了电子阅读的阅读频率高于纸质图书的阅读频率的现象,城市居民在碎片化时间内,拿出手机阅读较为轻松的小说而愉悦身心,缓解工作生活上的压力。

表9   2013年湖南省各市州城市居民纸质图书
和电子图书阅读类型 TOP5

纸质图书阅读类型 TOP5 (阅读人群比例)	电子图书阅读类型 TOP5 (阅读人群比例)
小说(52.4%)	小说(75.8%)
生活休闲(43.5%)	生活休闲(45.0%)
历史哲学(36.1%)	历史哲学(29.1%)
专业考试类用书(32.2%)	心理励志(28.5%)
心理励志(32.2%)	经济管理(24.7%)

(三)阅读意识——如何看待阅读

人们对阅读存在着不一样的看法,这使得报刊书籍等各类型的阅读内容与我们形成不同的关系。有时候阅读是一种社会学习、专业积累,有时候阅读是自由想象、情感共鸣,有时候阅读是放松心情、开怀大笑。阅读意识,即对阅读的看法,是阅读行动的指导与基础,对具体从事阅读活动的实践有重要影响,对阅读的喜爱,对阅读重要性的认知,对阅读内容的仔细程度,将决定着由阅读所取得的收获。因此对于城市居民阅读意识的测量,将会帮助我们了解居民阅读的内在推动力,进一步深入了解居民的阅读现状。

1.阅读是一种爱好

从对阅读的兴趣和阅读积极性两方面来看居民的阅读意识,其中阅读积极性会从积极去阅读、专门时间阅读和不阅读的紧迫感三方面来考量,以 5 分为满分,该项得分越高则表示兴趣或积极性越高。

图 17　湖南省城市居民阅读意识概况

从四项指标所反映的情况来看,"阅读是兴趣爱好"这一项的得分最高,为 3.73 分。其次是"会积极主动的阅读"得分为 3.61 分。由此看来,对于大多数湖南省城市居民来说,是将阅读作为一项兴趣爱好的,同时会有较为积极的态度去进行阅读。

但同时,在"不阅读会有紧迫感"和"专门时间阅读"两个方面,平均得分分别为 3.08 分和 2.97 分,相对较低。在工作学习生活中腾出专门时间进行阅读活动是一种相对规律性的也是自律性的行为,能在一定程度上反映人们在对待阅读行为的严谨的态度和严肃的程度。因此,"专门时间阅读"得分较低则一方面说明社会快步伐的节奏压缩了城市居民可自由支配的时间,另一方面说明了人们所从事的阅读行为可能是不规则的、碎片化的散乱分布或嵌在忙碌的日常工作生活之中。"不阅读会有紧迫感"测试了被访者对自身阅读行为的自律性和必要性,紧迫感一方面从内在来源于个人对自身的要求,另一方面从外在来源于社会或群体环境对个体的压力。在"不阅读会有紧迫感"上得分相对较低则表明对于大部分被访者来说,阅读行为更像是兴趣爱好,有时间和心情的时候可以进行,即便没有也不会给自身造成太大压力。总体来看,对于湖南居民而言阅读更像是一种兴趣的满足,而不是一种强制性的行为。

2.阅读兴趣与积极性逐年提升

从近三年湖南省城市居民阅读意识各项指标的得分上来看,不论是阅读兴趣还是阅读的积极性,在2011年到2013年的三年内均稳定增长,其中,阅读是兴趣爱好和有专门的时间阅读这两项指标的提升较为明显,分别从2011年的3.65分和2.87分,提升至2013年的3.73分和2.97分。说明了居民对阅读的喜爱度在提升,同时有更多人意识到阅读的重要性。居民阅读意识的转变,自身对阅读重视程度的提升,也验证了湖南省政府近年来在推动全民阅读工作中所取得的成就。

表10　阅读意识各指标三年变化情况

	2011 年	2012 年	2013 年
阅读是兴趣爱好	3.65	3.62	3.73
会积极主动阅读	3.56	3.56	3.61
有专门时间阅读	2.87	2.93	2.97
不阅读会产生紧迫感	3.01	2.96	3.08

青少年阅读兴趣待提升:

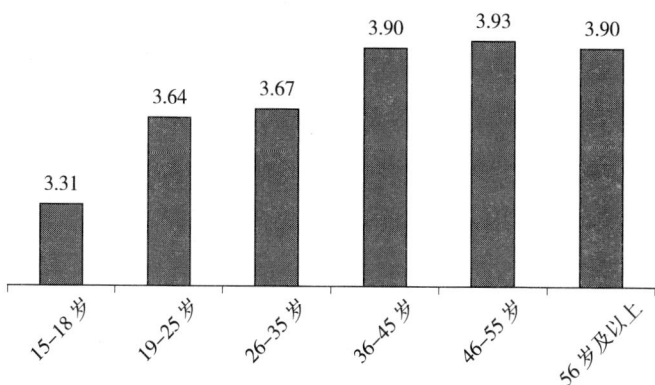

图18　各年龄段阅读兴趣爱好得分分布情况

从上图可以看出,各个年龄段人群对"阅读是兴趣爱好"的打分大体上随着年龄的增长而提高。其中,15—18岁的青少年群体的得分最低,为3.31分,大幅度落后其他年龄段人群,位于第三梯队。19—25岁和26—35岁人群的打分比较接近,分别为3.64分和3.67分,位于第二梯队。年龄较大的中老年群体包括36—45岁、46—55岁和56岁及以上人群的打分最高,分别为3.90、3.93和3.90分,位于第一梯队。首先年龄越大的人群显示出对于阅读更加浓厚的兴趣。一方面,这与他们更加成熟的人生观、世界观和生活阅历分不开,阅读的兴趣许多来自生命的积淀所带来的同作者的共鸣;另一方面,年龄较大人群较中青年不那么忙碌于事业和学业,有更多的时间精心思考和阅读。同时值得注意的是,这里不难看出青少年群体相对于其他年龄段的人群来说,对阅读显示出较低的兴趣。从青少年的心智和知识的成长来看,处在花朵般年纪的他们,正是需要知识的阳光雨水滋润的时段。而对阅读的兴趣,则是实施阅读行为、积极主动理解内化知识的基础。面临当今中国严峻的升学压力的青少年,培养他们对阅读的兴趣爱好需要社会、学校和家庭共同的努力。

(四)阅读信息入口——如何获得阅读资讯

读者往往需要通过一定的渠道获得读书的相关信息,这种渠道可称为入口。换句话说,读书类信息入口也可以理解为读者的媒介接触习惯在阅读资讯上的表现。一般说来,读书类信息的可分为四大入口:互联网入口、传统媒体入口、人际关系入口和公共活动入口。具体来看,互联网入口指通过 PC 或手机上网来获取读书类信息的渠道,传统媒体入口指通过收听广播、收看电视获取读书信息的渠道,人际关系入口指通过与朋友、老师等人际交流获得读书类信息的渠道,公共活动入口指通过参加社会公益的(如湖南省举办的"三湘读书月"活动)或商业活动获取读书类信息的渠道。

1.网络成为居民获取阅读信息的重要渠道

通过居民经常使用的获取阅读信息的方式评估各渠道对居民阅读信息获取的重要性,以 5 分为满分,该项得分越高则表示该渠道越重要。

从四个渠道入口的得分来看,网络是湖南省城市居民获取阅读信息最重要的入口,得分达到 3.27 分,远高于其他三个渠道。人际关系和公共活动在阅读信息获取上,重要性也超过了电视、广播等传统媒体,可以看出,阅读信息的传播渠道已经发生了相当大的变化,网络的重要性日益凸显。

互联网入口:年轻群体的便利渠道

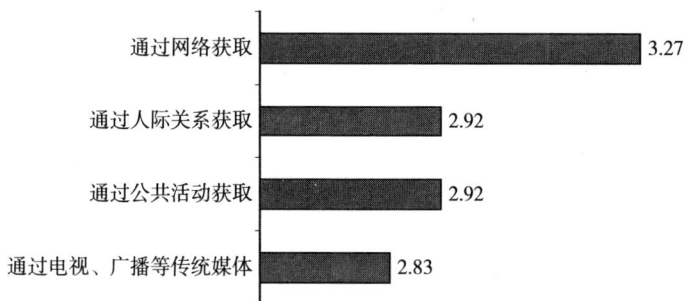

图 19 湖南省城市居民阅读信息获取渠道

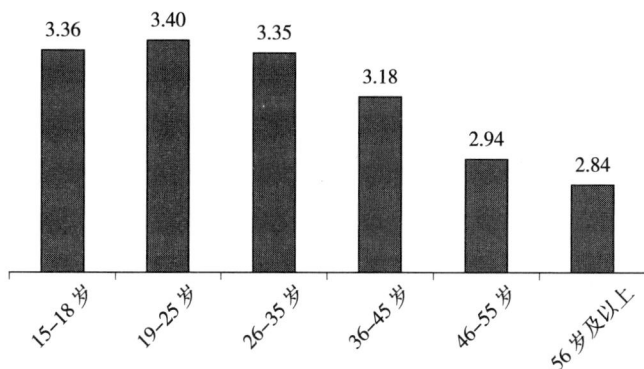

图 20 各年龄段通过网络获取阅读信息情况

通过图 20 可以得知,通过新媒体入口获取阅读资讯的情况存在一定的年龄差异。整体上看,经常在网上浏览读书类信息的得分随着年龄的增大而降低。得分最高的年龄段为 19—25 岁人群,得分为 3.40 分。其次为 15—18 岁和 26—35 岁人群,得分分别为 3.36 分和 3.35 分。得分最低的是 56 岁及以上年龄段人群,得分仅为 2.84 分。相较于老年人,年轻人的生活同互联网更加紧密,使用互联网的时间更长、层次更加丰富。

　　经由互联网入口获取资讯的人群在书籍阅读上具有哪些特点呢？可以看到，通过不同资讯入口间的比较发现，在"通过网络获取阅读信息"一项得分较高的人群的纸质图书和电子图书的阅读量高于在其他资讯入口得分高的人群的同类书籍的阅读量，且随着对网络渠道获取图书信息的依赖性越强，电子书的阅读量越高，这同互联网入口资讯更新周期快，获得的行动成本低及随时随地可进行的特点是有一定关联的。

表 11　经常在网上浏览读书类信息的纸质图书电子图书阅读量情况

通过网络获取 阅读信息得分	纸质图书 阅读量(本/年)	电子图书 阅读量(本/年)
十分不同意(1 分)	4.45	1.94
比较不同意(2 分)	5.76	5.79
一般(3 分)	6.24	6.00
比较同意(4 分)	10.25	8.87
十分同意(5 分)	5.84	10.00

　　传统媒体入口：中老年群体为主体

　　通过图 21 可以看出，传统媒体入口表现存在一定的年龄差异。整体分布上，通过电视、广播等传统媒体获取阅读信息的得分随着年龄的增大先升高后降低。得分最高的是年龄段为 56 岁及以上人群，得分为 3.18 分。得分最低的是年龄段为 26—35 岁人群，得分为 2.72 分。总的来说，年龄段较大的群体（36—45 岁、46—55 岁和 56 岁及以上）较年龄段较小的群体（15—18 岁、19—25 岁和 26—35 岁）更多的依赖于电视、广播

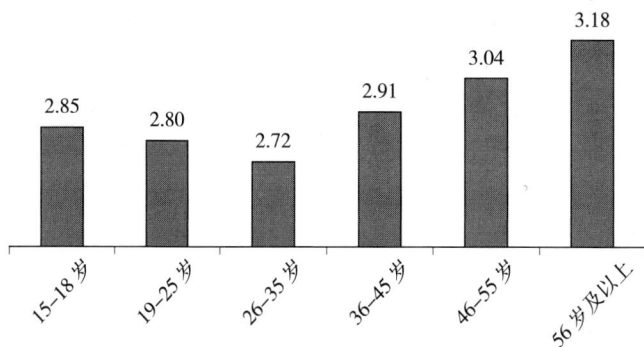

图21　各年龄段通过电视、广播等传统媒体获取阅读信息情况

等传统媒体获取读书类信息。同时值得注意的是,19—25岁和26—35岁两个年龄段的人群,在读书类信息的传统媒体入口上的位于最后两位,而在互联网入口上得分则为前两位,可以知道,对于刚工作的城市白领及大学生群体来说,在读书类信息的获取上,互联网入口已经很大程度上替代了传统媒体入口。

人际关系入口:高学历、管理层人群爱交流

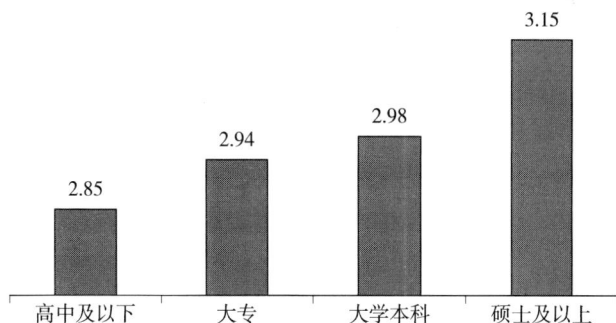

图22　不同教育程度群体通过人际交流获取阅读信息的情况

通过图22可以看出,在对人际交流获取阅读信息的测量结果上,存在一定的教育程度差异。整体来看,人际关系入口的得分随着教育程度的提高而升高。其中,得分最高的是教育程度为硕士及以上人群,为 3.15 分,得分最低的是教育程度为高中及以下人群,仅为 2.85 分。可以看到,教育程度为硕士及以上人群在人际关系入口上的得分为所有学历中最高,并且优势较为明显。教育程度较高人群的人际阅读环境水平也相对较好,能够通过人际交流获取阅读信息的机会也越多。

而从职业上看,中小学教师,外企普通职员,三资、民营、私营企业中高级主管、外企职员中高级主管及行政、事业单位干部更偏向通过人际交流获取阅读信息。教师得分最高,恐怕得益于教师的职能便是"传道授业解惑",他们也有大量的时间和机会同学生或同僚交流接触。而另有国企和民企等单位的管理层得分也相对较高,他们处在社会的中上层,具有更丰富的社会资本和话语权,其相应的在阅读资讯的交换方面也较其他群体更为频繁。

表 12　各职业通过人际交流获取阅读信息的情况

职业	人际交流入口得分	职业	人际交流入口得分
中小学教师	3.53	自由职业者	2.93
外企职员中普通职员	3.26	国有、集体企业工人	2.93
三资、民营、私营企业中高级主管	3.11	专业技术人员(如律师、医生)	2.85
外企职员中高级主管	3.11	个体经营者、私营企业主	2.78
行政、事业单位干部	3.11	三资、民营、私营企业职员	2.73

续表

职业	人际交流入口得分	职业	人际交流入口得分
行政、事业单位职工	3.01	进城务工人员	2.33
国有、集体企业干部	3.01	其他	2.81

公共活动入口:对老年群体吸引力最大

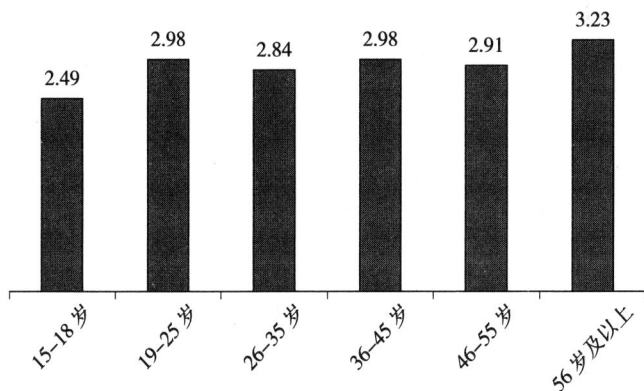

图 23 各年龄段群体通过公共活动获取阅读信息情况

通过图 23 可以看出,公共活动信息入口得分情况存在一定的年龄差异。总体来看,年龄较大的人群在主动关心社会上的阅读活动的得分上表现更好。15—18 岁年龄段人群得分最低,仅为 2.49 分,而 56 岁及以上人群得分最高,为 3.23 分。对于 56 岁及以上的退休人群来说,较其他工作或学生群体有更多的自由时间。而对于 15—18 岁年龄段的青少年来说,阅读活动则不太具有吸引力,该人群在互联网入口上的表现更好。

2.不同渠道入口的不同优势

通过对四类入口,包括互联网入口、传统媒体入口、人际关系入口和公共活动入口的具体分析可以知道,这四类入口既存在强弱势之分,也各自偏向于不同的人群。在互联网入口方面,湖南省城市居民的得分为3.27分,为所有读书类信息入口中的最高分。互联网作为新媒体在中国的兴起和普及不过是近10年内的事,作为快捷方便而又强有力的媒介,互联网所提供的信息服务很好的满足了当代居民的需求。通过互联网入口同年龄的交互可发现,年轻人更热衷于是使用互联网入口来获取读书类信息,尤其以19—25岁年龄段的大学生或初入社会的职场人士为主。年轻人更愿意尝试新事物、更乐于较快地接受新鲜资讯,同时较大龄人群而言具有更快的生活节奏,因此,互联网入口更加契合年轻人的需要。在传统媒体入口方面,得分为2.83分,为所有入口中最低,说明湖南省城市居民通过传统媒体获取读书类信息的程度并不高。但是通过人群分析发现,年龄段较大的人群包括46—55岁和56岁及以上的年龄段的读者更倾向于从传统媒体入口获得读书类信息。这一群体一方面受制于互联网使用上可能存在的学习障碍,另一方面在媒介习惯上更偏向传统。另外值得一提的是公共活动入口方面,得分为2.92分。公共活动入口往往具有一定规模,在社会上具有较大的影响力,能起到良好的宣传和示范作用,其不仅仅能提供读书类信息,更重要的是在于能普及良好的阅读意识和塑造正确的读书价值观。在人群特征上,中老年的人群相对于年轻群体对于公共活动的参与更加积极,数据显示公共活动入口的得分随着年龄的增加而增加。从中我们可以知道,阅读类公共活动的举办对中年及老年群体的影响力更大,另一方面,诸如"三湘读书月"活动等的优秀的阅读公共活动也需要吸引年轻人群的更加积极的参与以扩大其在湖南省全社会的影响力。

第三部分　推动全民阅读的创新尝试

第一章　全民阅读

"他山之石,可以攻玉"。作为人类发展过程中智慧和经验的结晶,书籍沟通了古今,贯穿了南北,分享了无数人的思想,也扩展了阅读者的视野。对于个人来说,阅读能提升修养、丰富人生,对于整个民族来说,阅读能提升素质、增强实力。阅读是构成文化的核心要素,而阅读力也作为文化软实力中重要一部分而成为衡量综合国力的一个维度。

一个国家的"软实力"(Soft Power)概念是由美国哈佛大学教授约瑟夫·奈提出来的,与反映一个国家的军事力量和经济实力的"硬实力"概念相对。软实力主要存在于三种资源中:文化、政治价值观和外交政策。在文化软实力中,阅读力成为最具生命力和激励作用的一个部分。

文化通常分为广义文化和狭义文化两个方面,广义文化指人类创造出来的一切物质产品和非物质产品的总和;狭义文化指精神文化,包括一切社会意识形式。阅读在本质上是一种人类改造主观世界的实践方式,是人们从文本中获取知识、提升智慧、促进个人精神成长的过程和活动。可见阅读是文化尤其是狭义文化的重要内容和发展方式。阅读能促进文化建设、推动文化发展,主要在于阅读能够实现文化的诸多功能。

第一,阅读实现文化的认识功能。人不仅是制造生产工具的动物,而且是创造和使用符号的动物。阅读文本——这一主要符号,使文化能够广泛地传播,能够历史地积淀。阅读扩大了人的认识主体性,促使认识在文化"遗传"的基础上发展;阅读提供了人的认识背景,不断地赋予、转换人的"前理解",开阔人们新的理解视野。阅读也是各民族自我认识、自我意识的重要途径,通过阅读外来文化的不同典籍,在文化交往中深刻地唤醒民族的自我意识。

第二,阅读实现文化的整合功能。"文化整合功能包括价值整合、规范整合、结构整合三个方面。"①现代社会人们之间的价值观呈现多样性、差异性特征,经过经典著作的人文熏陶,有利于在社会生活的总体和基本方面达成一致的价值观,这是其他一切社会活动一致的基础,是一个民族凝聚力的根源;作为一种人之自我构建的方式,阅读的过程就是将社会规范内化为人们自觉遵守的行为准则的过程;通过共同阅读,享受一份共同的文化,有利于缓解社会各结构之间的矛盾和对抗,促进社会和谐。

第三,阅读实现文化的导向功能。一方面,阅读能够更新知识技能、思想观念,推动社会进步和人类发展;另一方面,社会进

---

① 刘豪兴:《社会学概论》,高等教育出版社2003年版。

步和人类创造的优秀文化成果又必须逐步积累下来供后人继承和发扬,而其中文本是文化成果的基本形式,因此阅读活动是实现文化更新发展的中间环节。在当代中国,发挥文化的导向功能,首要的就是要大力发展先进文化,以高尚的精神塑造人,以优秀的作品鼓舞人。而阅读就是发展先进文化的重要途径。

对于个人而言,阅读是提升个人素养的重要途径;对于国家而言,一个国家的国民阅读情况则是文化软实力的重要体现。推进国民阅读的发展,是许多国家文化工作的核心内容之一。尤其是进入现代社会,面对"知识经济"、"学习型社会"的兴起,发展阅读事业的重要性愈发凸显。

作为当今世界最古老的文明之一,中国有着悠久的阅读传统。古人对于读书的重视,从悬梁刺股、凿壁借光等典故中便可窥一斑。新中国成立后,更是积极推动阅读的普及和国民阅读的发展。自中共中央在党的十六大提出建设学习型社会以来,全民阅读活动在全国各地展开,2012 年党的十八大报告将"开展全民阅读"写入其中。无论社会如何变迁,阅读始终是造就国家文化根基,培养民族涵养,以及保持一个时代充满朝气与活力的一种力量。所以,将全民阅读作为一项长久的国家战略看待,发展国民阅读,对提升国民素质,构建和谐社会具有重要意义。

一、世界阅读推广情况概览

阅读是文明积累与传承,知识生产与传播的途径,也是提高国民素质的基本方式。进入知识型社会,"活到老学到老"已经成为全世界的共识。多读书、读好书无疑是促使个人提升、推动民族进步的坚实基础。在全球化时代,国民阅读情况还是国家文化软实力和综合竞争力的重要体现。鉴于推动阅读的重要性,世界很多国家都积极开展阅读推广活动,提升国民阅读水平。

(一)联合国教科文组织:阅读推广的国际机构

联合国教科文组织一直非常重视阅读的推广。自成立之日起,联合国教科文组织就开始倡导和组织扫除文盲、全民教育、终身学习等项目。这些项目虽然没有直接进行阅读推广,但是其中包含的阅读技能培训、阅读材料提供等也为阅读活动的广泛开展提供了条件。从20世纪70年代开始,联合国教科文组织开始开展一系列以阅读推广为主题的活动。

在1970—1980年,教科文组织以"国际图书十年"(International Book Decade)为名义进行了一系列针对世界各国家和地区阅读状况的调查和研究;并将1972年定为"国际图书年"(International Book Year),各国家和地区纷纷响应,开展了图书捐赠、举办书展、文学奖评选、组织阅读协会等一系列相关活动。1982年,联合国教科文组织提出"走向阅读社会"的目标,帮助各国政府规划国家图书战略、创造阅读环境、增强图书产出能力等,进一步推动了阅读活动的普及。

1995年,联合国教科文组织第二十八次大会正式决议将每年的4月23日定为"世界图书与版权日",也就是我们所熟知的"世界读书日"。如今,"世界读书日"已经成为世界范围内影响最广的一项阅读推广活动,很多国家和地区都会在这一天举办相应的读书活动,推进阅读社会的建设。

2001年,联合国教科文组织发起"世界图书之都"的计划,每年由联合国教科文组织以及国际出版商联合会、国际书商联合会和国际图书协会的代表,在联合国教科文组织设在巴黎的总部共同商议评选,获选城市将在当年与下一年的"世界读书日"之间的享有这一称号。"世界图书之都"是对一座城市在阅读文化上所做贡献的表彰,当选城市必须已有效果显著的众多阅读推广活动,并在担任"世界图书之都"的那一年制定特别的阅读推广计划。印度的新德里在2003年成为第一个获得该称号的亚洲城市。韩国仁川广域市"因其项目的高质量及其可能对加强整合各利益攸关方提倡图书与阅读、为仁川乃至朝鲜半岛的公民提供图书与各种形式的作品发挥的影响"而当选2015年世界图书之都。

表13　历届"世界图书之都"获选城市

年份	国家	城市
2001 年	西班牙	马德里
2002 年	埃及	亚历山大
2003 年	印度	新德里
2004 年	比利时	安特卫普
2005 年	加拿大	蒙特利尔
2006 年	意大利	都灵
2007 年	哥伦比亚	波哥大
2008 年	荷兰	阿姆斯特丹
2009 年	黎巴嫩	贝鲁特
2010 年	斯洛文尼亚	卢布尔雅那

续表

年份	国家	城市
2011 年	阿根廷	布宜诺斯艾利斯
2012 年	亚美尼亚	埃里温
2013 年	泰国	曼谷
2014 年	尼日利亚	哈科特港
2015 年	韩国	仁川广域市

（二）英国阅读推广情况

英国是世界上图书馆事业最发达的国家之一，早在 1850 年就颁布了世界上第一部全国性的公共图书馆法。英国十分重视国民阅读推广，广泛动员图书馆、学校、社区、企业、家庭等各方力量，借助各种传播手段开展阅读宣传，提升人们的阅读兴趣。

针对学龄前儿童，英国专门发起了"阅读起跑线"（Bookstart）计划。该计划最初于 1992 年由英国公益组织图书信托基金会、伯明翰图书馆服务部和基层医护服务信托基金会联合发起，目的是让每一个儿童都能在早期阅读中受益、享受阅读的乐趣。"阅读起跑线"计划由多个儿童图书出版商提供赞助，为各个年龄段的儿童提供相应的阅读包，致力于让每个孩子在成长的各个关键时期都能获得免费的图书。目前，已有日本、韩国、美国、澳大利亚等多个国家加入了"阅读起跑线"（Bookstart）计划，该计划也成为了世界上第一个专为学龄前儿童提供阅读指导服务的全球性计划，

bookstart

It's never too carly to start enjoying books with your baby

图 24　英国"阅读起跑线"活动 logo①

　　为了推动阅读在民众中的普及,英国还创造性地将读书周延长为阅读年,分别将 1998 年和 2008 年定为国家阅读年。1998 年首个国家阅读年获得了总计 400 万英镑的政府预算支持,共在九个城市进行了阅读年的巡回推介。2008 年启动的第二个国家阅读年获得了 3700 万英镑的政府投入,旨在帮助打造英国的阅读文化,尤其是针对那些需要提供阅读帮助的人,以及认为阅读和自己无关的人。在 2008 年的国家阅读年里,图书馆增加了 200 万新读者,阅读年网站上共登记了近 6000 个阅读活动,全英国共有 150 个阅读年的协调机构领导当地活动开展。

　　(三)日本阅读推广情况

　　中国的亚洲邻国日本,长期以来一直致力于国民阅读推广。

---

　　① http://www.bookstart.org.uk/about-us/history/.

早在 1924 年，日本图书馆协会就启动了"读书周"活动，在日本全国开展各种倡导读书、普及图书文化和推荐优秀图书的活动。在第二次世界大战中，读书周活动全面停滞，到 1947 年再次恢复。本着"通过读书的力量，创造和平文化的国家"的宗旨，以日本出版协会等出版组织为中坚力量，日本图书馆协会、代理公司和书店流通组织，还有新闻和文化相关团体共三十余家团体参与，成立了读书周执行委员会，指导开展"读书周"活动。在 1948 年，"读书周"活动延长为以 11 月 3 日的"文化日"为中心的两周，并一直延续至今。从 1959 年开始，读书推进运动协议会接棒读书周执行委员会，主办每年的读书周活动。该协会表示，2011 年的读书周在全国的图书馆共举办了 1458 场活动，较十年前增加了三成。2012 年 10 月 27 日至 11 月 9 日，以"真正的纽带"为标语的第 66 个"读书周"举行。历史悠久的"读书周"活动，在传递读书的乐趣、拉近人们与书籍的距离方面起到了长期的积极作用。

日本还十分重视儿童阅读的推广。1999 年日本参众两院审议通过，将 2000 年定为"儿童读书年"。2001 年 12 月，《儿童读书活动推进法》颁布，确立了儿童读书活动的基本理念和必要事项。日本还将 4 月 23 日定为"儿童读书日"，并在每年 4 月 23 日到 5 月 12 日的三周时间里，在全国范围内举办"儿童读书周"，举行各种盛大的读书活动，让孩子们充分享受读书的快乐。发展家庭阅读是日本儿童读书推进活动的重点之一，通过建立家庭文库、鼓励亲子阅读、设立亲子读书会等措施，有效地提高了孩子们阅读的积极性，同时还可以增进父母和孩子之间的交流。

二、中国全民阅读发展历程

在中国,促进国民阅读、提高国民文化素质长期以来一直受到党和政府的高度重视。自改革开放以来,中国社会经济快速发展,人们的物质生活水平不断得到提高,丰富精神生活、提高文化素养成为社会的普遍共识。为了加强文化建设、提高国民文化素质,国家制定了一系列的政策和计划推动国民阅读的发展。在长期的阅读推广进程中,"全民阅读"的概念逐渐成形,并成为了中国国民阅读推广的目标和代言词。

（一）实施"知识工程"

"知识工程"是一项始于1997年的国家级阅读推广活动,长期以来为推动中国国民阅读的发展起到了重要的积极作用。

1997年1月,由中宣部和文化部牵头,国家教委、国家科委、广播电影电视部、新闻出版署、全国总工会、共青团中央、全国妇联共同组成全国"知识工程"领导小组,下发《关于在全国组织实施"知识工程"的通知》。《通知》中明确指出,"知识工程"以"倡导全民读书,建设阅读社会"为宗旨,是以发展图书馆事业为手段,以倡导读书、传播知识、推动社会文明与进步为目的的一项社会文化系统工程;《通知》要求各地要积极开展各种类型、不同规模的读书活动,形成全社会爱书、读书、利用图书馆的良好风尚,提高全民族的思想道德素质和科学文化素质。

2000年,全国"知识工程"领导小组把每年的12月定为"全民读书月",通过开展各项阅读活动培养民众读书热情。2004年,全国"知识工程"领导小组将每年的"全民读书月"活动交由中国图书馆学会承办,并将"全民读书月"活动时间改为每年4

月。从 2004 年起，经全国"知识工程"领导小组办公室批准，由中国文化报社与中国图书馆学会联合承办的"知识工程——中华全民读书数目推荐活动"正式在全国开展。根据活动章程，该活动拟每年举办一次，由"知识工程推荐书目"组委会定期公布评选主题、范围和标准，组织权威性专家学者组成的专家评审委员会按照《知识工程推荐书目评审细则》进行评审，并将人选推荐书目通过媒体正式向全国读者和"知识工程"开展地区及单位推荐。

（二）推行"全民阅读"活动

2006 年 4 月，中宣部、中央文明办、新闻出版总署、文化部、教育部、解放军总政治部宣传部、中华全国总工会、共青团中央、中华全国妇女联合会、中国科学技术协会、中国作家协会等 11个部门共同提出了《关于开展全民阅读活动的倡议书》。《倡议书》强调了读书对于个人和民族的重要性："中国人历来就有'读万卷书、行万里路'的传统，中华民族从来就是一个热爱学习、勤奋读书的民族，它是我们民族精神动力不竭的源泉。我们要继承和发扬这个优良传统。今天，人类已进入新的世纪，读书不仅成为一个人修养的标志之一，也成为人们完善自我、塑造自我、提升自我、凝聚智慧的重要途径之一。可以说，一个人如果从小就能养成良好的阅读习惯，一生都会受用无穷。一个民族具有热爱阅读的追求与渴望，这个民族就会充满智慧和希望。"《倡议书》还号召全社会开展"爱读书，读好书"的全民阅读活动。此倡议一经发出，得到了社会各界的热烈响应，全国各地区、各部门纷纷开展了广泛多样的主题读书活动。

自倡议发出之后，全民阅读活动一直受到国家各部委的持续高度重视。2007年12月，中宣部、中央文明办、新闻出版总署联合发出《关于认真做好2008年全民阅读活动的通知》，提出要进一步提高对开展全民阅读活动重要意义的认识，培养全体公民崇尚阅读、自觉阅读的良好习惯，并指出今后每年，中宣部、中央文明办和新闻出版总署将会同文化部、教育部、广电总局、总政宣传部和全国总工会、全国妇联、共青团中央等有关部门，制定并发布全民阅读活动行动计划，推动指导活动开展。

2008年，新闻出版总署设立了全民阅读活动组织协调办公室，"全民阅读工程"被列为新闻出版总署的"五大工程"之一。

2009年4月，中宣部、新闻出版总署联合印发《关于进一步推动做好全民阅读活动的通知》。《通知》指出，希望各地结合实际，设计和实施推动本地区全民阅读活动的具体安排。同时，要努力探索、不断创新全民阅读活动的方式。《通知》强调，推动全民阅读是一项长期任务。希望各地党委宣传部和新闻出版局要建立长效机制，把全民阅读活动的开展与精神文明创建活动结合起来，与建设出版公共文化服务体系结合起来，务求取得实效。

2011年4月20日，新闻出版总署发布《新闻出版业"十二五"时期发展规划》，对2015年人均年拥有图书、期刊数量及国民综合阅读率做出具体要求，并首次将"全民阅读工程"作为新闻出版公共服务建设的工程之一。党的十七届六中全会审议通过《中共中央关于深化文化体制改革推动社会主义文化大发展大繁荣若干重大问题的决定》，明确提出要满足全体人民读书看报等基本文化权益，加快城乡文化一体化发展，加强县级文化馆和图书馆、乡镇综合文化站、村文化室建设，深入实施农家书屋等文化惠民工程,深入开展全民阅读。

2012年2月《国家"十二五"时期文化改革发展规划纲要》将全民阅读列入重要文化建设工程。11月,中国共产党第十八次全国代表大会召开。十八大报告中明确提出要丰富人民精神文化生活——"要坚持以人民为中心的创作导向,提高文化产品质量,为人民提供更好更多精神食粮。坚持面向基层、服务群众,加快推进重点文化惠民工程,加大对农村和欠发达地区文化建设的帮扶力度,继续推动公共文化服务设施向社会免费开放。建设优秀传统文化传承体系,弘扬中华优秀传统文化……开展群众性文化活动,引导群众在文化建设中自我表现、自我教育、自我服务。开展全民阅读活动。"十八大第一次历史性地把"开展全民阅读活动"作为扎实推进社会主义文化强国建设的重要举措,表现出了党和政府对于推进全民阅读的重视。"两会"期间,全国政协委员提交的《关于制定实施国家全民阅读战略的提案》,得到了115名政协委员的联名签署。

2013年4月,在第18个世界读书日到来之际,为进一步在全社会形成"多读书、读好书"的良好氛围,国家新闻出版广电总局下发了《关于开展2013年全民阅读活动的通知》,决定今年继续在全国范围内开展全民阅读活动,建设"书香中国"。《通知》强调,各地要加强立法保障,合理规划指导,加大资金投入,努力推动长效机制建设。要积极推动本地区的阅读立法工作,以法律法规的形式将全民阅读工作纳入法制化轨道。研究制定本地区全民阅读中长期规划,确定开展全民阅读的指导思想、基本原则、主要目标等。开展本地区的阅读调查工作,发布阅读指数,增强全民阅读活动指导的科学性。此外,还要进一步建立健全全民阅读组织领导机构。

在党和政府的大力倡议下,目前,全国已有 18 个省市区建立了全民阅读活动组织领导机构,其中湖南、湖北、江苏、广东、河北、黑龙江、福建、重庆、陕西、新疆等 10 个省区都成立了由地方党委或政府主要领导担任负责人的全民阅读组织领导机构,省委宣传部、新闻出版局、教育厅、民政厅、文化厅、工会、团委、妇联等多个部门作为成员单位。全民阅读组织领导机构在加强领导、制订规划、配置资源、组织活动、宣传推广、解决重点难点问题等方面发挥了重要作用。从中央各相关部委到全国 31 个省、市、自治区,都开展了大量的阅读活动,极大地促进了全民阅读的发展,并成为推动地区文化建设的重要力量。至今约 400 多个城市自发开展了读书节、读书月等活动。全民阅读已成为国家公共文化服务体系建设的重要组成部分,其提高国民思想道德素质和科学文化素质、推动社会主义文化大繁荣大发展的现实意义和战略意义已经日益凸显。

(三)全民阅读活动主要形式

经过近几年的发展,全民阅读的观念在全国扩散,读书的气氛在全民扩散。第十次全民阅读调查显示,我国民众对各地举办的国民阅读活动持欢迎的态度。2012 年,有 62.6% 的成人民众支持有关部门组织举办读书活动或者读书节,与 2011 年相比增长了 6.6 个百分点。其中,城镇居民对举办读书活动的支持率为 65.6%,非城镇居民中有 73.2% 的民众持支持的态度。人们希望通过民众阅读活动获得图书,以及获取图书信息。目前,全国各地开展的读书活动,不论从内容,还是从形式,近几年都有很多创新之处。

1.开展读书主题的阅读活动

在全国各级政府开展的读书活动中,主题阅读是一个新的亮点,每一个主题阅读活动都能够带动不同形式的活动内容。目前,全国31个省、市、自治区已经开展了主题阅读活动,突出的主题使读书活动的针对性提升,有助于在全社会宣传与营造"多读书、读好书、好读书"的阅读氛围,丰富民众的阅读生活,帮助民众培养良好的阅读习惯,让阅读成为人们的一种生活方式。

2.各类竞赛形式、评选的阅读活动

近两年,开展竞赛活动成为备受各地推崇的推进全民阅读的主要方式。有些地方举办了不同主题的有奖征文活动,各种主题的文艺演出比赛也层出不穷。另一些地区推出了各种主题的评选活动,通过市民自荐、组织推选、以及专家评审等方式,最终从民众中选出"阅读大使"、"读书之星"、"读书达人"、"读书笔记"等阅读明星,利用榜样的力量带动全民阅读。这种形式在激励民众阅读,营造社会阅读气氛,培养阅读兴趣方面效果明显。

3.论坛、会议及汇演等形式的阅读活动

各地举办读书会议、论坛、以及汇演活动,丰富了阅读活动的形式。这类读书活动,一方面深入开展阅读活动,另一方面提高阅读趣味性。

4.农家书屋专项阅读活动

当前,地方建起的农家书屋数量逐步增多,读书活动的触角也在不断延伸,书香纷纷飘进农村和基层社区,尤其是围绕农家书屋的读书活动明显增多。一些地区举办农民读书节,面向农

村,全民参与,实行省、市、县多级联动,鼓励全省广大农民积极参与其中,把注意力放在农村和农民。一些地方读书活动组委会、出版社、以及新华书店也多次向农村捐赠图书。同时,一些省份还围绕新农村开展专题读书活动,以缓解农村民众读书难问题,推动农民阅读。

5.不同社会主体合作推出读书活动

联合政府、企业、高校等多方力量,优势互补,共同推动全民阅读。例如,电信运营商中国移动、中国电信、中国联通国内三大电信运营商,运用自身优势通过向全国手机用户发送"4·23"世界读书日公益短信,"分享阅读,分享幸福"。中国邮政集团公司2011年4月23日发行"世界读书日纪念邮票",这是我国第一枚以世界读书日为主题的邮票。另外,各地区高校组成联合,共同开展高校"阅读文化经典,建设书香校园"活动;各校在读书活动期间组织了读书报告会、文化经典阅读征文比赛、书刊评论、优秀图书推荐、读书交流会、图书漂流、读书知识竞赛、演讲比赛、读书方法辅导、名著名篇朗诵、数据库使用辅导、优秀读书网站推荐、图书展销、评选读书标兵等活动。

总之,经过近几年的发展,丰富多样的阅读活动层出不穷。各种各样的读书节已经成为一些省市的名片,读书游园会、晒书大会、图书漂流、机关读书会等一些创新性读书活动在各地涌现。开展丰富多彩的读书活动是为了在社会上真正倡导一种全民阅读的新风尚,采用什么样的活动形式,活动内容有没有创新,对于能否调动群众阅读积极性至关重要。

三、湖南省全民阅读活动实践

1."三湘读书月"活动

在"全民阅读"浪潮中,湖南省一直在推动全民阅读方面做出各种有益的尝试。2009年,湖南省开创自己的阅读品牌,正式将每年的11月份定为"三湘读书月"。"三湘读书月"活动以"倡导全民阅读,共建文明湖南"为活动主旨;同时,根据国际国内形势和年度阅读动态,按照读书活动"进机关、进学校、进企业、进农村、进社区、进家庭"的要求,每年确定一个年度主题,开展一系列全民阅读特色主题活动,以活动推动书籍走近人民群众。自启动以来,系列活动为全省广大人民群众所喜闻乐见,产生了很好的效果。

2.城市阅读指数

随着两届"三湘读书月"活动的成功举办,全民阅读活动进入重要的转型阶段,如何由一般号召、普遍发力转型到科学推动,成为需要进行深入研究的课题。2011年初,湖南省新闻出版局为了研究解决"如何形成更好的机制,如何能够在最大的层面推动全民阅读工作的展开,提高读书兴趣,形成读书氛围"这一重大命题,提出了在全省进行居民阅读情况调研,以"阅读指数"的量化指标科学考察和指导公共阅读活动的方案。建立湖南省城市阅读指数,旨在客观反映全省14个地市的城市居民阅读情况,为分析居民的文化教育素养和思想文化发展状况提供基础,为制定未来工作方针政策、工作方向提供可靠的参考。通过进一步分析、发布这一阅读指数,鼓励和促进各地政府加大对于公众阅读活动的投入和推动力度,倡导全民阅读风尚;提升

居民对阅读的关注度,激发居民阅读积极性,进一步推进学习型
社会建设。"2011年湖南省城市居民阅读指数"在第三届"三湘
读书月"活动开幕式上正式发布,省内外多家媒体报道,引起广
泛关注,得到社会各界的一致好评。

3.全民阅读的法制化探索

继"三湘读书月"活动对阅读的大力推广和城市阅读指数
对阅读的科学考评之后,湖南省新闻出版局提出建立《湖南省
全民阅读促进条例》,通过立法的形式提升社会对全民阅读重
要性的认识,规范政府和相关组织在全民阅读中的责任与任务,
为全民阅读提供环境与条件保障。全民阅读立法,是法治湖南
建设的一项重要内容、一个重要部分,把促进全民阅读上升为文
化强省战略,为建设学习型社会、提高全民科学文化素养提供法
律保障,符合党的十七届六中全会关于加快文化立法的精神,是
促进全民阅读工作更加广泛深入持续开展的重要手段。全民阅
读立法,是在全国处于领先地位的开创性工作,将湖南省全民阅
读活动实践推向又一高峰。

第二章　"三湘读书月"活动

一、"三湘读书月"活动的缘起

（一）中国阅读史:从精英阅读到全民阅读

中国作为一个具有五千年辉煌历史的文明古国,深厚的文
化底蕴一直是中华民族引以为傲的资本。尊重知识、崇尚阅读
是中华民族的优良传统,然而受传播媒介、出版技术和教育普及

程度的限制,阅读长期以来一直是上层阶级的特权。在清末民初时期,大众阅读开始兴起;新中国成立后,阅读在中国民众中开始更大范围地普及,并逐渐向全民阅读发展。

1.古代:精英阅读占据主体

在中国古代社会的早期,阅读是王公贵族的一项特权。受低下的社会发展水平与极为有限的传播媒介的限制,只有位于社会顶层的贵族阶级才有机会学习文字、进行阅读。我国在商周时期就已设有官学,但也仅面向贵族;知识为神权和王权所垄断,普通民众没有条件也没有途径进行阅读。

随着社会的发展,对于阅读书写能力的需求逐渐扩大。在春秋战国时期,私学大量兴起,许多思想家纷纷办学以传授学说,普通大众也有了接触知识、阅读书籍的机会。在这一时期,虽然阅读群体有所扩大,但受教育普及程度的影响,仍以贵族、士大夫等精英阶层为主体。

隋朝首开科举制度、通过考试选拔官员,接受教育、获取知识的权限进一步扩大。科举制的出现,为社会中下层开辟了入仕之途,从而形成了一个以实用性为主的阅读体系。这种较为单一的阅读体系具有极强的目的性,"金榜题名"成为绝大多数读书人的阅读目标,阅读的内容也仅局限为以四书五经为主的儒家经典著作。随着科举制的建立和完善,越来越多的普通人开始读书,但这一时期的教育仍不普及,阅读从主体和目的来看,仍然具有较强的精英属性。

2.清末民国时期:大众阅读开始兴起

清朝末年及民国时期,是中国近现代历史上社会变动最为剧烈的一段时期。科举制的废除,使原有的单一性、实用性的阅读体系开始解体,而大众阅读则开始兴起。

大众阅读,简而言之,即以大众为主体的阅读,是相对于精英阅读的一个概念。大众阅读的出现和兴起,标志着阅读不再是被少数人掌控的特权,而成为了一项普遍而广泛的社会活动。

大众阅读在清末民国时期开始兴起,与那一时期特定的历史及社会环境是分不开的。科举制度废除后,新式学堂开始出现;尤其在民国时期,新式教育全面进步,着力于提高国民素质的现代教育体系开始成形。现代教育的推广和普及,使得民众识字率有了大幅提升。识字率的提高,为阅读在社会中的推广创造了条件。另外,随着印刷技术的进步和效率的提高,书籍的成本大大降低,为阅读的大众化提供了可能。中国近代报刊也在这一时期开始繁荣发展,各种通俗读物也大量涌现,极大地丰富了阅读内容,推动了阅读在普通大众中的普及。

3.新中国:推动全民阅读

中华人民共和国成立之后,大力推动教育的普及。国民识字率的提高,推动了大众阅读的发展。特别是在经历了"文革"的寒冬之后,知识与文化的价值被重新肯定,中国民众的阅读热情在20世纪80年代被点燃,兴起了武侠热、哲学热、美学热、言情热等一系列读书热潮,国民阅读热情空前高涨。

然而,随着广播、电视等大众传播媒介的发展和普及,阅读时间被大众媒体大量挤占。日益忙碌的现代生活、繁重的日常压力也使得人们静心读书的机会越来越少。在经济发展过程中逐渐兴起的拜金主义与消费主义,更是让阅读的价值逐渐被人们淡忘。根据中国新闻出版研究院自1999年开始开展的"全国国民阅读调查",1998年的国民图书阅读率为60.4%,之后连年下滑,到 2005 年已经下降到 48.7%。

勤读书、读好书是中华民族的优良传统。随着社会的进步与发展,对个人素质的要求也越来越高,而阅读作为提升知识水平与个人修养的重要途径,也日益被人们所重视,推动"全民阅读"的呼声越来越高。2006 年,中宣部等 11 个部门正式向全社会发出了开展全民阅读活动的倡议。如今,"全民阅读"已经成为了中国社会的共识。通过一系列推动阅读的政策与活动,人们又重新拿起了书本,阅读在人们的日常生活中开始占据越来越重要的地位。如今,虽然我国的国民阅读情况与发达国家相比仍有差距,但我们有理由相信,随着"全民阅读"活动的不断推进,中国将真正步入全民阅读时代。

(二)腾飞中国,湖南阅读

21 世纪的中国是一个飞奔着的中国,经济高速发展,换来了物质生活水平的极大提高,湖南作为中部崛起战略中的大省,也正处在应对国际金融危机、推动科学发展、实现"弯道超车"的关键时期。提高国民素质、提升人才专业素养,加强国家综合竞争力、促进社会走向和谐是这一时期的核心任务。

书籍一直是传道授业的载体,是社会进步的阶梯,培育爱读书,读好书的国民习惯是提高民族整体素质,提升人才专业素养的重要手段,无论是个人知识的积累还是创新能力的培养都与书有着莫大的关系,这也是古人所说的"书中自有黄金屋,书中自有颜如玉"的道理。所以,从某种意义上讲,读书是社会人才培育机制的关键环节,阅读能力的高低直接影响到一个国家和民族的未来,尤其是对于中国这样的发展中国家,无论是要建设文化强国,构筑强大的文化软实力,还是要实现科学发展,从日益复杂的国内外环境中脱颖而出,都需要我们通过广泛的阅读,以勃发的原始创新能力为经济社会全面协调可持续发展提供源源不竭的动力。

然而经济飞速发展,人们也更多地忙于工作,与此同时,互联网的出现又开始大力冲击着人们的生活方式,导致了阅读这一惯常的精神生活受到较大冲击。为此,早在2006年,中宣部、中央文明办、新闻出版总署等11个部门联合发出了在全社会开展全民阅读活动的倡议。湖南省各界人士积极响应,各类图书馆、民间爱书人士组织了包括"全省少年儿童读书活动"、"湖南读书会"在内的多种形式的读书活动。

2009年中央党校春季学期第二批进修班暨专题研讨班开学典礼,中共中央政治局常委、中央书记处书记、中央党校校长习近平出席开学典礼时又再次明确指出:"领导干部要爱读书读好书善读书,推动学习型政党学习型社会建设。"①

为贯彻落实科学发展观和党的十七大、十七届四中全会精神,以及中央关于"建设学习型政党、建设学习型社会,推动全民阅读"的要求,9月17日,中共湖南省委办公厅、省政府办公厅联合发出《关于开展"三湘读书月"活动的通知》(湘办发电〔2009〕151号),要求自2009年开始,每年11月在全省开展"三湘读书月"活动,并确立了"倡导全民阅读,共建文明湖南"的活动主旨。根据国际国内形势和年度阅读动态,按照读书活动"进机关、进学校、进企业、进农村、进社区、进家庭"的要求,每年确定一个年度主题。与此同时,省里成立领导小组,制定了

---

① 　http://www.gov.cn/ldhd/2009-05/13/content_1313645.htm.

2009年"三湘读书月"活动的总体方案。自此,三湘读书的传统被以一种常规化、系统化、普及化的活动方式被确定和延续下来。

亲近书本,崇尚阅读
——"三湘读书月"活动倡议书

当今时代是一个知识和智慧开启未来的时代,是一个需要终身学习的时代。

书是人类进步的阶梯,读书是吸取知识、推动人类不断进取的必由之路;书是人类精神的营养,读书是滋养心灵、开启智慧、健全人格、锻造理想的心路历程;书是人类文明的火种,读书是构建生命价值、提升文明素养、创造健康生活、构建和谐社会的有效途径。生活没有书籍,就好比大地没有阳光;人生没有阅读,就好像鸟儿没有翅膀。

尊重知识、崇尚阅读是中华民族的优良传统。从"悬梁刺股"、"凿壁偷光"的砥砺与磨难,到"读万卷书,行万里路"的阔大与执着;从"问渠哪得清如许,为有源头活水来"的探寻与发现,到"为中华之崛起而读书"的境界与追求,读书的意义被一代又一代的先贤们阐释着、丰富着、发展着、构建着。"惟楚有材,于斯为盛",湖湘大地,人杰地灵,孕育了独具特质的湖湘文化。读书明理,求道创业,勇于开拓,敢于担当,既是湖湘文化的优良传统,更是当下湖南人的文化追求。

建设学习型组织、学习型社会和学习型政党,党的十七届四中全会在科学发展观的指导下,指明了一个重要的发展方向:建设经济强省、教育强省和文化强省,要满足人民群众的物质生活需求,更要满足人民群众日益增长的精神生活需求,省委省政府坚持并引导着"以人为本"的发展路径。"倡导全民阅读,共建文明湖南",及时富民强省的召唤,也是提升全民素质、提升文化品质、提升文明程度、构建和谐社会的需要。为此,从今年起,我们将每年的11月定为"三湘读书月",并诚挚地向全省社会各界发出倡议:

让我们一起读书,读好书。让阅读成为我们最优雅的生活方式。让浓浓书香丰盈我们的生命,陶冶我们的气质,引领社会的风气。让我们的生活因阅读而精彩,让书本成为我们的心灵家园。

让我们一起读书,读好书。让阅读成为我们社会最亮丽的风景。无论你是在机关、在校园、在企业,还是在村组、在社区、在家庭,让我们手捧书本、最新阅读的情景,成为三湘大地上的动人风景。让我们一起读书,读好书。让阅读成为我们最自觉的追求。让我们在阅读中增长智慧,在阅读中涵养情操,在阅读中发现真善美,在阅读中体会责任与担当,汲取勇往直前的精神力量。让我们以书为媒,相约书香,亲近书本,崇尚阅读!

三湘读书月活动领导小组
2009 年 11 月 7 日

二、历届"三湘读书月"活动

在 2009 年《关于开展"三湘读书月"活动的通知》中,"三湘读书月"活动作为湖南常规性文化活动被确定:自 2009 年起,每年 11 月在全省范围内开展"三湘读书月"活动。从第一届的竿路蓝缕的艰辛,到之后紧跟时代脉搏,积极创新、深耕细作、与时俱进,"三湘读书月"活动已走过四年,期间举办了许多丰富多彩的活动,同时也积累了大量丰富的经验,在全省掀起了一轮又一轮读书热潮,营造了爱读书、读好书、读以致用的浓厚氛围。读书逐渐成为一种生活习惯、一种工作责任、一种精神追求,为建设文化强省、教育强省和经济强省注入了新的内容和活力,有效助推了和谐社会和学习型政党建设,取得了卓越的工作成效。

（一）第一届"三湘读书月"活动——筚路蓝缕,启动读书潮

"三湘读书月"活动是在千年湖湘文化的基础上,为全面复兴湖湘浓郁学风,培育适应新时代需求的湖湘志士,首次推出的一项长期性的读书活动。省委省政府大力倡导、社会各界积极支持,当时的省委书记、省人大常委会主任张春贤,省委副书记、省长周强亲自担任活动顾问。由省委常委、省委宣传部长路建平和副省长郭开朗担任"三湘读书月"活动领导小组组长,省委组织部、省委宣传部、省新闻出版局等23个部门为活动领导小组成员单位。在强大领导团队的带领下,首届"三湘读书月"活动立足全民阅读,为活动持续有效的开展打下了坚实的基础。

1.六大主体活动,立足全民阅读

作为活动举办的第一年,"三湘读书月"活动的组织形式、覆盖范围、指导思想等不仅直接影响首届"三湘读书月"活动的成果,也将对往后的"三湘读书月"活动产生深远的影响。为此,省新闻出版局组成专门工作组先后到广州市、深圳市和株洲市,就开展读书活动情况进行深入调查研究,在充分汲取三市开展读书活动经验的基础上,结合湖南实际情况,科学制定了首届

"三湘读书月"活动的总体方案、宣传方案、新闻发布会方案以及启动式方案，实现了宏观部署与微观操作的协调统一，并最终形成了覆盖面广、操作性强的六大主体活动，其形式延续至今。

六大主体活动一是围绕"强素质、作表率"特色主题开展"全民阅读进机关"系列活动，着力加强机关干部学风建设。二是围绕"讲文明、树新风"特色主题开展"全民阅读进学校"系列活动，着力提升学生思想道德素质。三是围绕"提升素质，奉献企业"特色主题开展"全民阅读进企业"系列活动，着力增强企业文化软实力。四是围绕"读书让我致富"特色主题开展"全民阅读进村组"系列活动，着力营造农村阅读氛围。五是围绕"知书达理，共创和谐"特色主题开展"全民阅读进社区"系列活动，着力优化社区文化环境。六是围绕"书香飘万家"特色主题开展"全民阅读进家庭"系列活动，着力倡导书香家庭建设。从机关到学校，从企业到村组，从社区到家庭，首届"三湘读书月"活动已形成较为全面的覆盖。为了将这一套全民活动方案落实到位，局党组明确两位局领导具体负责活动办的日常工作，其他局领导也分别负责协调联系"六进"活动，保持和"六进"牵头单位的密切沟通。

这种按对象维度区分的组织形式，不仅在活动执行中更稳健，有利于统一部署，积极规划，而且还能根据对象的不同，制定个性化的活动方案，达到最佳效果。比如首届"三湘读书月"活动推荐的120种书除了根据国内国际年度阅读态势，以及专家推荐与群众评选结合的方式推选，更重要的是按进机关、进学校、进企业、进农村、进社区、进家庭的阅读对象需求，由"六进"各牵头单位进行甄别选择：进机关的以《朱镕基答记者问》、《中国1978—2008》、《热点话题谈心录》等时政、历史和理论书籍为主;进学校的以《六十年国事纪要(文化卷)》、《学习改变命运》、《论语》等文化、励志类书籍为主;进企业的以《中国怎么办:当次贷危机改变中国》、《3%法则》等经济、商业类书籍为主;进农村的以《农民工宝典》、《农民奔小康实用技术》等农业技术类书籍为主;进社区的则侧重《中华人民共和国物权法》、《公民环境事件应急手册》等法律和公民知识类书籍;家庭读书则范围较广,涵盖历史、休闲、理财、厨艺、文学等多个种类。

2.多种特色活动,鼓励因地制宜

《关于开展"三湘读书月"活动的通知》下发后,全省14个市州和所属县市也先后成立了"三湘读书月"活动领导小组及办公室,办公室设在本级新闻出版行政部门。在省"三湘读书月"活动领导小组各成员单位的推动下,省直各机关、各地各部门因地制宜,开拓创新,组织了数百场具有特色的读书活动,精彩纷呈、好评如潮。首先,各个省直属机关根据自己单位的工作特征积极开展相关读书活动。如省委宣传部、省文明办、省文化厅、省教育厅、团省委、省妇联组织,省少儿图书馆具体承办了"三湘读书月·全省少年儿童'新中国60周年道德模范故事会'读书比赛",全省14个市州依托图书馆组织中小学生开展比赛,在广大少年儿童中掀起了争读道德模范图书、宣讲道德模范故事的热潮,参加比赛人数逾40万。其次,各个市州根据自己的文化特色与传统也开展了一系列有声有色的活动,如衡阳市委宣传部、市新闻出版局在读书活动期间,加印15000册《百首诗词颂衡州》,免费发给市民阅读,组织开展了"流动妇女读书之家"、"蒸湘区的亲子共诵读"以及"书香家庭"评选活动,开展了"购一本书、读一本书、捐一本书、颂一本书"活动,在全市营造了浓厚的读书氛围。怀化市将党员干部读书活动和各级各部门举办的其他各类读书活动统一纳入"三湘读书月"活动中，共开展各类读书心得交流560余次、辅导210余次、专题讲座150余次、演讲活动80余次。在中宣部、新闻出版总署召开的全国全民阅读活动经验交流会上，我省常德市委宣传部、株洲市新闻出版局以及怀化市机关党员干部读书活动项目受到大会表彰。

与此同时，图书漂流活动在各地推广，全省110家新华书店联袂举办了大型图书漂流活动，将10000册崭新的书籍免费"放漂"，人们可以免费领取，然后将自己读完的书，随意放在公共场所，如公园的长凳上，捡获这本书的人可取走阅读，读完后再将其放回公共场所，任其漂流。此次"放漂"的10000册书籍均为近两年来的畅销书籍，包括《明朝那些事儿》、《青瓷》、《曾国藩》、《灰商》、《世界是平的》、《世界因你不同》等等，涵盖了社科、文艺、经营、科技、少儿等各类别。活动时间将持续一年，书虫们领取书的方式也很简单，可到全省各新华书店参与互动，也可登陆由湖南省新华书店和红网联合设立的"网络放漂站"参与互动，登陆红网放漂专题注册为会员后，可免费索取漂流图书。图书漂流活动将读书的氛围渗透到公共领域与私人领域的各个角落。

3. 开始于最厚重的地方，深入到最偏远的地方

首届"三湘读书月"活动的启动地点设在书香四溢的"千年学府"岳麓书院前。岳麓书院位于湘江河畔，岳麓山下，它是我国古代四大书院之一，也是湖湘文化的精神腹地。其前身可追溯到唐末五代（公元958年）智睿等二僧办学。北宋开宝九年

（公元976年），潭州太守朱洞在僧人办学的基础上，正式创立岳麓书院。南宋理学家朱熹等曾在此讲学，据说，鼎盛时期从学有千人之众。历经千年，弦歌不绝，故世称"千年学府"。"三湘读书月"活动正是从这里启动，借助千年学府的号召力，在省委省政府大力倡导的背景下，得到了社会各界的积极支持和各地民众的广泛参与。

在最厚重的地方开始，是为了走得更远、更深入。湖南地处中部地区，尚有不少农村、少数民族地区群体及进城务工群体很难有机会接触到书籍。对他们来讲，读书是件相对困难的事。"三湘读书月"活动的全民阅读势必不能忽略这个全体。所以"首届三湘读书月"活动就与农家书屋建设工程等项目结合起来，将活动深入到这些群体当中。省新华书店派出了流动图书展销车，供村民们参观阅读。省农科院、湖南农业大学派遣有关蔬菜、葡萄、水产、畜牧、沼气建设等方面的专家，到现场为当地农民答疑解惑，深受农民群众欢迎。在凤凰县阿拉营镇圩场举行的凤凰县首届"读书月"活动启动仪式上，就有600多册图书分发到了干部群众手中。启动仪式结束后，吉首大学图书馆、县新华书店、县文化局、县农办等单位向阿拉村"农家书屋"捐赠了价值1万多元的图书，并开展现场读书咨询、信息调查活动。除此之外，县图书馆、全县20多家"农家书屋"、100多个学校图书馆、职工书屋纷纷向干部群众、职工和学生开放，社区读书游艺活动、家庭亲子读书活动自11月份以来也相继在凤凰积极开展。张家界市更是把"全民阅读进村组"活动与农家书屋建设对接，主动向农民群众推荐阅读书目；把"全民阅读进村组"活动与农民技术、技能培训对接，邀请农业专家、科技带头人现场指导;把"全民阅读进村组"活动与"三农"读物大联展对接,较好地解决了农民群众买书难、借书难、看书难的问题。

图25 市民看书兴高采烈

(二)第二届"三湘读书月"活动——积极创新,探索品牌路

第二届"三湘读书月"活动延续了首届活动成功的组织模式,由省"三湘读书月"活动领导小组及其办公室统筹协调,各项工作在横向和纵向两条线展开,横向由省领导小组各牵头单位、成员单位和协办单位在系统范围内组织开展,纵向由各市州读书月活动领导小组在本地区组织开展。在充分总结首届"三湘读书月"活动经验的基础上,深入调查研究,广泛征求意见,不断完善,并积极创新,赋有远见地进行品牌之路的探索。

1.完善主体活动,创新组织形式

第二届"三湘读书月"活动延续了首届的成果,并将成果展现出来。根据各牵头单位的推荐,评选、表彰了首届"三湘读书月"活动中有突出表现的 74 家先进单位和个人。先进典型的树立和传播,形成了争先恐后的良性竞争循环,使得整个湖湘读书氛围更上一个新台阶。

与此同时,领导小组也在这个过程中,进一步认识到了以往经验中的优点与不足,促使活动不断创新与完善。与首届相比,第二届"三湘读书月"活动就弥补了"六进"活动军队群体缺失的不足,主体活动由"六进"扩充为"七进",由省军区政治部牵头,以"读书·精武·强兵"为主题,增加了全民阅读"进军营"活动,着力营造军营良好学习氛围,实现湖南文化强军的愿景。其他主体活动则更细致、更全面地开展:由省直机关工委牵头,以"品经典·会名家·升境界"为主题,开展"全民阅读进机关"系列活动,大力推进学习型党组织和学习型机关建设。由省教育厅牵头,以"读书·快乐·成长"为主题,开展"全民阅读进校园"系列活动,着力促进青少年和儿童的全面发展。由省总工会牵头,以"读书·敬业·创新"为主题,开展"全民阅读进企业"系列活动,着力提升职工素质,提高工作效率。由省委农村工作部牵头,以"新农村·新农民·新知识"为主题,开展"全民阅读进村组"系列活动,着力营造农村阅读氛围。由省民政厅牵头,以"读书·文明·和谐"为主题,开展"全民阅读进社区"系列活动,着力建设文明和谐社区。由省妇联牵头,以"读书·温馨·幸福"为主题,开展"全民阅读进家庭"系列活动,着力打造和谐幸福家庭。

第二届"三湘读书月"活动还创造性地采取了较为灵活的申办启动式的形式,由株洲市委市政府申请举办。在株洲,启动式以"读书"为主题的文艺节目开场,当天还举行了一系列配套活动:著名作家唐浩明先生应邀主讲了本届活动首场读书报告会。在株洲神农城广场,湖南省新华书店组织了20台"汽车书店"以特惠价格优惠展销,知名作家王跃文签名售书,百名少儿参与了"少儿书画广场创作大赛"等等。

2.丰富亮点活动,打造鲜明特色

第二届"三湘读书月"活动在过去的经验基础上开辟了三大特别活动:一是11月中旬举办的全省少年儿童"迎世博·迎亚运·讲文明·树新风"文明礼仪知识读书活动展演,活动自5月份开展以来,全省14个市州120多个县(市区)依托当地文化局和图书馆、少儿图书馆,周密部署、精心组织,共收到有效答卷40余万份,共有106万少年儿童参加这次活动。二是11月下旬,在橘子洲头等地开展"红满潇湘·中国(湖南)红色朗诵盛典"活动;另外,整个11月,在全省各新华书店、弘道文化各连锁店开展"优惠售书月"活动,购书的读者都将享受到优惠政策。通过读书、怡情、明理三条线,充分调动民众的阅读积极性。

在全省各市州单位,"三湘读书月"活动领导小组也根据各自的特点,组织了形式多样、特色鲜明、参与度广、贯穿全年的读书活动,大力推动全民阅读。

湖南图书馆充分利用自身优势,开展了"2010,三湘读书月"活动高校巡回讲座,"将爱传递远方——援建边远山区学校图书室"系列活动,"阅读点亮童年"大型公益活动以及湖南图书馆第二届"三湘读书月"活动系列讲座。

"三湘读书月·书香张家界"书香村组举行读书演讲活动,参与演讲活动的选手中有小学生,有教师,有村官,也有普通农

图26 《红满潇湘·三湘读书月红色经典朗诵会》
在长沙橘子洲头隆重举行,数千人汇聚橘子
洲头的青年毛泽东雕像前朗诵诗歌

民,以点带面把我市第二届"三湘读书月·书香张家界"活动引向深入。湘西州政府则采用州县联动、城乡互动形式,开展全州少儿"迎亚运、讲文明、树新风"文明礼仪知识读书活动和全民阅读进机关、校园、企业、村组、社区、家庭、军营"七进"活动。岳阳市第二届"全民读书月"邀请我国著名经济学家、全国人大常委委员、中国社会保障研究中心主任、中国人民大学教授郑功成为岳阳市民作专场报告。市委组织部、市委宣传部、市直机关工委联合组织的"千名书记讲党课"活动中,参加听课学习的党员、干部和入党积极分子达36万多人次。长沙市雨花区启动了"重温经典读书年"活动。每季度邀请知名专家学者开读书沙龙,围绕经典名篇互动授课,借助政务网站、QQ群和个人博客,分享学习心得，利用手机短信传播经典名句和箴言，开展读书心得征文等系列读书活动。

读书月活动在设计中也借鉴了不少当红理念，如长沙市妇联打造"三十分钟课堂"品牌，利用每周星期一上午 8:30 至 9:00的时间，采取"能者为师"的原则，由各职能部室轮流组织宣讲。株洲市新华书店"新书天天秒杀"、株洲移动"手机充值满就送"、株洲新闻网"书博秀"等活动令人感觉到读书的时尚魅力，大大增加了活动的吸引力。

3.推荐精品书目，树立阅读品牌

在广泛调研的基础上，"三湘读书月"活动领导小组成立推荐书目专家评审组，认真评审并确定了第二届"三湘读书月"活动的 141 种推荐书目，按"七进"对象分七类推荐，每类 20 种。其中，最具开创性的是领导小组组织策划的经典读本，特别推荐书目——《读有所得》。《读有所得》是先人名家或当代大师的美文精选，采撷世界先进文化之菁华，集聚国内外人文专家之智慧，篇篇短小精悍、质朴中见智慧，平实中见崇高，旨在传递"三新"——新思想、新知识、新经验；弘扬"三典"——传统经典、现代经典、国外经典。该书在启动式上首发。

湖南省委书记、省人大常委会主任周强在《读有所得》系列读本总序中写道："在人类文明的圣殿面前，只有找到钥匙，才能打开门窗，翩然而入；只有找准平台，才能踏步前进，拾级而上。而读书，就是开启文明之门的钥匙，迈上文明之巅的基石。"这也是《读有所得》这一图书品牌的核心，它让读者用最少的时间，读最好的经典，得最大的收获，省却了在信息包围中甄选、辨别的时间。是一套丛书，共 12 册，每月出版一册，采用

"口袋书"设计,"轻、小、薄",便于携带,方便随时随地阅读。这样一套读本是推动建设学习型党组织的基础读本,是促进全民阅读的有效平台,是建设"书香湖南"的有力推手,也是打造湖南特有的阅读文化品牌的积极尝试。

图27　《读有所得》封面

(三)第三届"三湘读书月"活动——深耕细作,突破式创新

历经两届三湘读书月,活动的影响力越来越大,带动了大批干部群众多读书、读好书,在全省大兴学习之风,对推动建设学习型党组织、学习型社会起到了十分重要的作用。如果说首届读书月指明了方向,第二届读书月实现了完善与创新,那么第三届"三湘读书月"活动则是成功实现了自我突破与超越。在深化传统"七进"活动的基础上,紧紧把握时代脉搏,首创了多项活动与内容,不仅增强"三湘读书月"活动的感召力和渗透力,

而且"三湘读书月"活动的品牌也威武地树立起来。

　　第三届"三湘读书月"活动上,省直各部门各单位围绕全民阅读"进机关、进学校、进企业、进农村、进社区、进家庭、进军营"举行的"七进"系列活动,以及包括"书卷潇湘"系列读书活动、"绿色阅读·书香湖南"手机阅读活动、每月一期"三湘读书月·大众文化讲坛"讲座、全省少年儿童"纪念中国共产党成立90周年"红色经典读书活动展演在内的四大特别活动延续了以往的组织形式。大型图书漂流、签名售书、图书捐赠等活动在各地展开。8家出版社和省新华书店携带近万册图书参加了大型图书优惠展销活动,娄底向广大市民观众散发了《娄底市第三届"三湘读书月"活动宣传手册》3000册、省"三湘读书月"活动领导小组推荐的精品图书《读有所得》2000册。衡阳建立"公益书屋",接受各界捐赠。湖南省图书馆开展大学生巡回讲座。"三湘读书月·大众文化讲坛"也在湖南图书馆多媒体演示厅开讲……在对传统活动深耕细作的同时,许多首创的建议在这一年得到实施。

　　1.首创城市阅读指数

　　"城市阅读指数"是出现在第三届"三湘读书月"活动启动仪式上的新名词,2011年,湖南与知名市场调查公司合作,在全省14个市州范围内就城市阅读行为、阅读意识、阅读类型丰富度、阅读资源使用和阅读目的性五个指标展开科学调查,将五个指标加权计算形成城市阅读指数。"城市阅读指数"通过横向对比各市州阅读指数的差异以及纵向考察各市州阅读指数的理念发展变化,全面把握全省各市州的阅读水平和发展情况。今后,全省城市指数指标将每年发布一次。用量化的数据反映阅读行为、指导阅读行为、激励阅读行为,推进文化建设的行为在全国尚属首创。这项工作的开展,不仅在理论和实践上具有开创性和标志性,而且对推进全民阅读和学习型社会建设具有现实指导作用,对文化产业战略和党委政府部门制定有关方面政策,具有重要参考价值,对全国全民阅读活动成效的监测也形成了示范价值。

2.首创全国户外公共书架

为更好地服务基层群众和特殊群体的阅读需求,第三届"三湘读书月"活动在长沙贺龙体育场搭建了一座全国唯一的户外公益书架,向全社会发出捐书倡议,以此为载体的"书卷潇湘"系列读书活动也围绕书架开展了全民捐书、交换读书、诚信借书、公益书展、名家讲书、现场访谈等活动。书架透明呈金字塔形,象征着"人类进步的阶梯"。万余册图书的巨大容量为市民搭建起一个进行全民捐书、交换读书、诚信借书、公益书展的平台。省委常委、副省长郭开朗开启了公益书架大门,捐赠了第一本书;省委书记、省人大常委会主任周强在百忙之中亲临活动现场,带头捐赠了《科学发展观在湖南的认识与实践》等三本书籍,这些爱心书籍将分别送往邵阳、湘西的农家书屋和学校。围绕大型户外公益书架,"三湘读书月"活动还开展了全民捐书、交换读书、诚信借书、公益书展、名家讲座、现场访谈、夜语留香读书栏目等各种读书活动配合进行。

3.首次纳入数字阅读平台

省领导小组办公室牢牢把握住互联网时代的阅读脉搏,在数字阅读冲击传统阅读的大背景下,充分利用数字阅读,开展全民阅读活动。一方面倾力打造数字阅读平台——"三湘读书月·手机阅读平台"，中国移动将通过手机平台向全省移动用户发布手机阅读推荐书目，移动用户可免费获得两个月的手机电子书打包阅读。省总工会大力推进企业职工电子书屋建设，其中长城信息和张家界移动通信公司率先建立了职工电子书屋。省军区建立了网络图书馆，师以上单位均建立军营绿色网吧。另一方面，积极开展各种数字阅读活动。除手机阅读活动之外，有的部门和市州也组织开展了数字阅读活动。比如，省军区先后6次开展网上读书交流、信息化知识竞赛等读书学习活动。长沙市开通短信互动平台，通过手机短信、微博等，广泛传播阅读活动信息和经典阅读推荐等内容；市区各图书馆通过网站开辟网络读书论坛，开展网络读书征文，推荐网络经典读物，其中芙蓉区还开展了数字图书馆体验活动，让市民享受免费网络阅读。湘潭市利用街道社区服务中心、街道文化站、社区学校、社区图书馆等网店和共享数字资源平台，鼓励社区居民积极参加网上阅读、网上写作等互动活动，等等。这些活动，令人感受到读书的时尚魅力，大大增加了活动的吸引力。

4.首推推荐书目听证会

为了加强对不同群体的阅读指导，更细致地为民众提供服务，省领导小组办公室革新了原有推荐书目的办法，改为通过组织群众评价、专家论证和公开听证三方并举的方式，根据"七进"对象分类推荐阅读书目。听证会现场除了省"三湘读书月"活动领导小组相关负责人、省政府法制办相关执法监督人员外，还有来自企业、机关、学校、军队、社区和农村等社会各界的15位听证代表，从他们各自的立场对推荐书目提出建议和意见。有的牵头单位和市州县也组织开展了类似工作。如省农办和怀化、衡阳、娄底等地针对农民群众的阅读需求,通过媒体向农民推荐农业类书籍;岳阳县向党员干部推荐优秀读物等。

5.倾力打造品牌阅读活动

有了2010年《读有所得》的经验,省领导小组办公室更加明确了走文化品牌的道路方针:为记录和了解十六大以来10年间中国社会的发展变化,省领导小组办公室面向全国开展了"我们家这十年"主题征文活动,通过"家"的视角,反映我国社会主义现代化建设和发展的巨大成就。活动共征集稿件1800多篇,从中精选了61篇辑录成《我们家这十年》一书。该书是中宣部迎接党的十八大8种重点出版物之一,是我省向党的十八大献礼的重要作品。此外,各级各部门在部署开展读书活动时,注意结合实际,突出重点,打造品牌,打造了一批群众喜爱的品牌阅读活动。有的活动已经在当地和全省具有一定知名度,如省新华书店的"图书漂流"和"你读书我买单"活动,省图书馆的"走进图书馆、过个文化年"新春文化庙会活动,省少儿图书馆的"三湘少年儿童阅读之星"评选活动,等等。尤其是各地各部门开展的讲座讲坛活动,办出了特色和影响,如省图书馆的"大众文化讲坛"和"湘图百姓课堂"、衡阳市的"石鼓书院大讲坛"、郴州市的"林邑讲坛"、株洲市的"神龙书院大讲坛"、岳阳市的"市民大课堂"和"岳阳楼论坛"等。第三,请青年作曲家邓东源创作了具有湖湘特色的"三湘读书月"活动主题曲《又闻书香》,并在启动式上请著名歌手罗琳演唱,在扩大了传播力的同事,从视觉、听觉上也形成了统一的风格特征,"三湘读书月"活动走上了规范化、精致化的品牌发展道路。

（四）第四届"三湘读书月"活动——与时俱进，拥抱多媒体

随着活动的深入，各市州组织开展的读书月活动越来越多，规模越来越大，参与人数越来越多。现在已经成为全国各省市读书月活动中的一个后起之秀，并逐渐形成了自己的特色。第四届"三湘读书月"活动已经具有前三届积累下来的良好基础，在启动式当天就有1500余人参加了启动式和图书漂流、买书捐书活动，掀起全民阅读的又一波热潮。2012年诺贝尔文学奖得主莫言还特地为此发来了视频祝愿。据不完全统计，2012年11—12月，全省各地机关、学校、企业、村组、社区、家庭、军营组织开展了群众基础好、百姓喜闻乐见的征文、演讲、讲座等各类读书活动1200多场次。

1.开展更精致、更亲民的阅读活动

虽然有前三届积累下来的良好基础，但是第四届"三湘读书月"活动并没有裹足不前，在以往具有优秀成果的基础上开展更精致的努力。一方面，努力完善阅读基础设施。各级新闻出版部门全力推进农家书屋建设，完成全省村村有农家书屋的建设任务，为每个农家书屋配置1600多种图书报刊和音像制品；各级民政部门和工会加强社区图书室和职工书屋建设，增加藏书数量和品种，完善管理制度；省图书馆开放24小时自助图书馆，长沙、株洲等地设立24小时街区自助图书馆。

另一方面，努力提供更好的阅读服务。比如，省农办拿出30多万元专项资金解决各地农村读书活动的困难；各地新华书店积极开展图书漂流、优惠购书、"你读书我买单"、图书以旧换新等活动；省少儿图书馆在长沙市的部分麦当劳餐厅设置少儿阅读"图书角"；株洲市向市民免费发放图书3万余套；湘潭、张

家界、衡阳等地积极组织送书进社区和捐赠图书活动;怀化市为市县乡三级党政机关的党员干部提供专项购书经费;省军区各部队投入专项经费为官兵购买学术网站阅读卡。

除此之外,还关注特殊群体的阅读需求。省领导小组办公室组织社会各界向湘西、邵阳农村捐赠图书两万余册;省图书馆在益阳市捐建了1家爱心图书室,向益阳市开发区的农民工捐赠图书800多册;14个市州图书馆、少儿图书馆开展了向山区和农村儿童送书、送服务活动;长沙市为进城务工人员子女进行免费素质培训,组织盲人参观市图书馆盲人阅览室、看无障碍电影、赠送盲文及盲人有声读物借阅证;邵阳市向隆回县一家聋儿康复学校捐赠图书1千册;郴州、衡阳、岳阳等地积极组织社会各界向农民、农村学生和农家书屋捐赠出版物。

2.发动更科学、更立体的媒体宣传

第四届的"三湘读书月"活动并不止于在原有基础上的修补与完善,本届活动的最大亮点在于它将活动思路从过去的以活动和活动对象为核心,变成了现在以媒体为核心,通过多媒体的功能搭配,全面开拓数字阅读生活,大力推进全民阅读。

首先,以图书馆为平台的系列活动延续了传统读书月的形式,它能引导人们深入参与其中,是读书月活动的基础。第四届的"三湘读书月"活动在图书馆平台的活动包括"三湘读书月·大众文化讲坛"系列讲座,即邀请有关专家在湖南省图书馆举办系列读书讲座,每月一讲。以及开展全省少年儿童"学习雷锋好榜样"读书活动展演,同时,在省少儿图书馆组织开展青少年知识讲坛、个性手工坊、经典国学亲子阅读等系列活动。

其次,广播媒体是被低估的高价值媒体,它精准针对有车一族和学生族,且不需要全部精力,在飞速发展的"快时代"里,广播媒体是人们阅读最为方便的载体。"声音图书馆"便是以广播媒体为平台的主要活动,即从11月1日起,在湖南新闻资讯频道News938(FM93.8)设立"声音图书馆"栏目,每周一至周五(22:00—23:00)邀请知名作家、文化名人举行分享好书、交流心得、新书推荐等活动。同时,在每周六、日推出"书香周末"栏目,让广大听众在书籍中得到沉淀、放松和洗礼。省委常委、省委宣传部部长、省"三湘读书月"活动领导小组组长许又声正是通过声音图书馆来宣布活动启动的。此外还有"广播星期悦读会"系列读书活动(由湖南广播电视台广播传媒中心每月定期在长沙市内阅读花园、熬吧等文化主题会所,开展读书沙龙活动,努力引领阅读新风尚)、"万书飞入百姓家"系列读书活动等。

　　第三,报刊媒体是有强烈权威感的传统媒体,虽然受到电子阅读的冲击,但大批具有长期阅读报刊习惯的用户依旧没有改变,且当今大多数报刊媒体都有网络版,其内容往往容易成为网络传播的热点,所以以报刊媒体为平台的系列活动在读书月的推广中也起到了非常重要的作用。湖南日报报业集团的相关报刊为第四届的"三湘读书月"活动推出读书专版,每周一期;开设"读书杂记"专栏,介绍重点推荐书目;"湘书书香"专栏,重点介绍湘版优秀书籍;"书与人"专栏,介绍优秀作者与书籍编写过程中的故事。在潇湘晨报采用邀约、征集、专题、互动等方式,开设每月一期的"名人荐书"、"我家书房"、"新书悦读"等专栏。在《快乐老人报》开辟老书虫俱乐部栏目,通过举办征文大赛、诗歌诵读会等活动,在老年人中大力倡导"活到老,学到老"

的读书风气。

第四，新媒体是未来发展的大趋势，以新媒体为平台的系列活动"三湘读书月·手机阅读平台"手机阅读活动利用移动通信平台，向全省移动用户发布手机阅读推荐书目，提供新书导读、2个月免费阅读等服务。"三湘读书月·手机官网"——全民阅读馆系列活动开展三湘手机阅读达人评选、读书资讯、书目推荐，"七进E家"主题活动（如名家见面会、电子书屋等）。活动还围绕"三湘读书月"活动主题，利用新浪微博、腾讯微博、网易微博及潇湘晨报百万微博、96360、iPhone\iPad客户端等新媒体渠道，向全省互联网用户发布荐书、用书、读书等系列新闻与活动信息，引导更多时尚人群参与阅读、热爱阅读，进一步扩大"三湘读书月"活动的影响力。

三、"三湘读书月"活动的成果

"三湘读书月"活动是省委省政府组织倡导、社会积极支持、全民广泛参与的一项长期的读书活动，是省委省政府贯彻落实科学发展观和党的十七大、十七届四中全会精神，全力推动学习型组织、学习型政党和学习型社会建设的重要举措，也是大力实施文化强省战略，着力满足人民群众精神文化需要，构建和谐社会的重要举措。在首届"三湘读书月"活动启动仪式上，路建平曾说："当前我省正处在应对国际金融危机、推动科学发展、实现弯道超车的关键时期，全省人民更需要从书籍中汲取精神动力，为应对国际金融危机提供强大的智力支持，为科学发展营造良好的人文环境。"读书明理，求道创业，勇于开拓，敢于担当，既是湖湘文化的优良传统，更是当下湖南人的文化追求。在这个时候"三湘读书月"活动全面倡导、激励民众多读书、读好书,在全社会形成读书学习的良好风尚,具有重要的现实意义。

(一)潇湘满书香

自 2009 年 11 月首届"三湘读书月"活动启动以来,全省各级各部门结合自身实际组织了丰富多彩的读书活动,在全社会引起了广泛关注,形成了高度共识,产生了巨大影响。

1.复兴尚文传统,重塑浓郁学风

"三湘读书月"活动是全省人民精神文化生活中的一件大事,是提高国民素质、促进文化建设、增进社会和谐的一项重要举措。举办"三湘读书月"系列活动,就是要达到在浅阅读的时代让更多的人坐下来看书、静下来思考、站起来交流、沉下去实践,推动三湘人民知行合一,实现"倡导全民阅读,共建文明湖南"的主题目标。丰富多彩的活动在全省上下营造出浓厚的读书氛围,提供给广大干部群众大量吸取知识营养的机会。最近一届的"三湘读书月"活动在各地组织开展群众基础好、百姓喜闻乐见的征文、演讲、讲座等各类读书活动就不下 1200 场次;读书月活动开展两年来,湖南手机阅读用户累计已达 4800 万人次,全省每天有 1000 万人次点击手机进行阅读;从整体阅读情况来看,近年来全省"城市阅读指数"逐渐上升,2012 年湖南"城市阅读指数"为 65.4,较 2011 年的 62.9 小幅上升,从具体数值上,过去一年中湖南城市居民人均阅读了 6.2 本纸质图书,纸质图书阅读量高于全国平均水平。

2.文化成果卓著,频现三湘英杰

在丰富多彩的读书活动中涌现出大批文化精英,创造出大量优质的读书成果。在省委宣传部、省新闻出版局等机构的领导下,一系列精品湘版文化丛书陆续出版,比如周强亲自作序的口袋读物《读有所得》,以及通过全国投稿精选61篇辑录成的《我们家这十年》,它是中宣部迎接党的十八大8种重点出版物之一,是我省向党的十八大献礼的重要作品。这些书籍均获得了广大读者的一致好评。此外,各级领导"带头学、带头写"也发挥了积极的表率作用。时任岳阳市委书记易炼红、市长黄兰香、市委副书记盛荣华、彭国甫等同志的多篇调研文章分别被《党建研究》、《学习导刊》、《人民日报》、《湖南日报》等重要媒体所刊载,有的还被编辑出版。在由新闻出版总署主办的"我的书屋,我的家"——全国农家书屋阅读讲演活动中,我省通过"三湘读书月"活动发掘出来的《我们的老公都变乖》、《农家书屋——大山深处的脊梁》、《书屋进农家,生活美如画》分别被总署评为特等奖、最佳风采奖和最佳口才奖。

3.长效机制完善,积累可贵经验

"三湘读书月"活动通过四次的举办,积累了大量活动经验,一是组织协调机制进一步完善,省新闻出版局作为领导小组办公室,认真研究制定活动整体方案,各牵头单位发挥主导作用,并与成员单位和协办单位积极配合,各市州的组织模式与省里相同,相关部门组织有力,整个活动部署有方,推进有序。二是阅读推广机制进一步成熟。比如,在"进机关"、"进军营"活动上,把读书活动与机关党建、文明创建、创先争优、宣教活动和单位系统全面建设等相结合,既提升了机关干部、部队官兵的文化素养,又改进了军地机关的学习风气,促进了全面建设。在"进社区"、"进企业"、"进村组"活动上,把读书活动和学习型社区建设、企业文化建设、新农村文化建设相结合,和社区图书室、职工阅览室、农家书屋建设相结合,既改善了群众的读书条件,又丰富了群众的文化生活。三是考核奖评机制得到进一步探索。在奖励评比方面,根据各地各部门的工作情况,按照规定程序,评选表彰在读书活动中表现突出的先进典型,提高积极性。这些经验,为未来"三湘读书月"活动在湖湘大地上持续发酵提供了有力保障。为实现建设湖南"文化强省、教育强省、经济强省"的目标注入了新的内容和活力。

(二)书香传播

"三湘读书月"活动是在湖南省委、省政府及领导小组的关怀下设立的常规性读书活动,其目标不仅仅是活动期间民众对阅读的一时兴起,而是对民众阅读意识和习惯的引导和培养。是阅读长效机制的全面建设。所以,持续深入地宣传读书月活动成为"三湘读书月"活动取得成效的关键。为此,湖南省委、省政府及领导小组进行了全面、科学的部署,不仅充分利用了广播电视、宣传专栏等传统的媒介形式进行有层次的广泛传播,而且与时俱进地搭建起互联网、移动互联网等新媒体平台,大力传播"三湘读书月"活动。一方面积累了宝贵的媒体宣传经验,另一方面,形成了广播、电视、网络,三位一体全媒体联动宣传"三湘读书月"活动的良好态势,使得"三湘读书月"活动深入到千家万户,不仅营造了湖南浓郁的读书氛围和民众读书的积极性,其影响力更是扩大到了全国范围。

1.精心组织策划,全省联动宣传

"三湘读书月"活动成立了新闻宣传中心,详细制定宣传方案,并以省委宣传部正式文件的形式发至省内主要新闻单位,对"三湘读书月"活动启动式及接下来的活动宣传工作作出周密部署。省内主要媒体制定了各自的宣传方案并确定了专人负责,其新闻报道也覆盖了"读书月"系列活动。并通过新闻发布会、媒体见面会等形式推动省内外有关媒体对读书月活动进行了持续深入的宣传报道,不仅获得了省内各大媒体的追踪,还获得了包括光明日报、人民网、新华社、香港文汇报、香港大公报在内的多家全国性媒体的关注。为整合各市州、省直各部门的阅读活动资源,组织协调各项活动,完善全民阅读活动的长效机制,省读书办在每一届读书月期间都创办并刊发《"三湘读书月"活动简报》,搭建起一个信息共享、经验交流的平台。各市州、省直各部门也利用其工作通讯对读书活动进行了充分的信息交流、宣传和报道。

2.利用传统媒体,重点宣传报道

"三湘读书月"活动全面利用传统媒体进行持续深入的宣传报道。比如在第一届活动中,电视媒体对启动仪式进行了全程直播,制作播出新闻专题片,并开设典型人物专访栏目;在第三届"三湘读书月"活动上,湖南卫视在《湖南新闻联播》头条播发了启动仪式消息,湖南日报、湖南经视、潇湘晨报等在重要版面专题介绍"城市阅读指数"、"公益书架"等新闻,湖南广播电视台广播传媒中心旗下各媒体,在 1 个月内播出活动宣传片400 多次、新闻稿件 50 余条、特别节目 30 期,在不到一个月的时间里,省内媒体发稿新闻报道43 篇,省外媒体发稿、转载报道32 篇。读书月活动期间,湖南日报、三湘都市报和潇湘晨报等媒体均在重要版面刊发"三湘读书月"活动的大幅宣传海报,突出了读书月活动的主题,吸引了社会公众的广泛关注,让读书月活动真正走进人们的日常生活。

3.科学利用新媒体,启动高效传播

对新媒体平台的成功应用是"三湘读书月"活动的特色成果。红网、芒果广播网、为民网、自媒体微博客等网络平台持续对"三湘读书月"活动进行宣传报道。尤其值得提出的是在第四届的读书月活动中,通过群发短信、彩信特刊等形式,移动网覆盖了全省近500万人次,联通网每天发出200多万条短彩信,通过手机访问手机官网的日均访问量过千万。同时,搭建起"全民阅读馆"平台,通过精选万本好书,免费提供给湖南用户进行阅读的方式,提高省内用户数字阅读的积极性。在活动现场还搭建了以"悦读中国,书香湖南"为主题的开放式露天手机阅读展区,在"三湘读书月"活动现场形成一道最闪亮的风景线。全方位展示社会各界的读书风貌,营造了浓厚的读书氛围。在宣传机制上的创新,使得这一文化盛事在三湘大地保持旺盛的生命活力,也为建设学习型社会、学习型党组织,为加快湖南"文化强省"步伐提供了更多的智力支持和舆论氛围。

(三)书香代表

通过个人自荐、组织推荐、公开海选、层层把关,历届"三湘读书月"活动都涌现出一大批书香浓厚、事迹突出的先进集体和个人,他们发挥了很好的示范带动作用,带动和营造了湖南全民阅读的良好氛围,全民阅读的"七进"活动取得了丰硕成果。关于阅读,每一个典型代表背后都有一个动人的故事,这不仅是在演绎着一个或一群人的思想探索,更是彰显了湖南学人独特的蛮与勇,智与义,以及源自"惟楚有材,于斯为盛"的骄傲与自信。

典型代表继续发挥模范带头作用,用实际行动影响和带动更多的群众多读书、读好书;希望广大干部群众发扬湖南人崇德尚文、实事求是、经世致用、敢为人先的精神,大兴学习之风,为推动湖南四化两型建设,加快实现科学发展、富民强省、文化强省的宏伟目标做出更大贡献。

1.“书香校园”代表:湖南农业大学

在“三湘读书月”活动中,湖南农业大学认真组织、积极开展“书香校园”活动,建立起一套完整、立体、细致的书香校园系统。湖南农业大学为“书香校园”成立领导组织机构,充分利用校报、网络、广播、电视等校内宣传媒体,大力宣传读书活动的重要意义,同时,在各个场合对学生党员、学校党委、学校职工进行分别培养。在活动形式上,湖南农业大学结合实际,大胆创新,通过开展主题鲜明、特色突出、形式多样、富有成效的多种活动,吸引师生员工广泛参与,增强了读书月活动的针对性、适用性和有效性。以中心组理论学习活动为引领,以党校党课教育培训活动为支撑,以学习型组织建设为推动,努力推进学习型党组织和学习型校园建设向广度和深度发展,使整个校园充满了浓厚的读书学习气氛。此外,湖南农业大学还以处级干部网上在线学习为标杆,以学生主题教育读书活动为抓手,使主题教育的读书、实践活动与党团、班级活动结合、与学生社团活动结合、与校园文化建设结合、与学生社会实践和公益活动结合,从而使主题教育的读书、实践活动适应大学生特长、生动活泼、丰富多彩,增强了读书、实践活动的吸引力,激发了学生参与的积极性,提高了读书活动的水平。在学校团委的指导下,学生组织还开展了人文讲坛、科学论坛、创业论坛等“三大论坛”读书学习活动。“三大论坛”学习活动主要由校学生会文化活动部、学术科技部和创业实践部承担,从邀请嘉宾到组织整个流程全部由学生完成。"三大论坛"活动开拓了学生视野,启发了学生思维,加强了学生读书学习的自觉性。为配合读书活动,湖南农业大学图书馆也成立了由馆领导组成的领导小组、由馆骨干教师组成的指导小组,开展了专题读书会、教师节文献传递服务优惠活动、主题演讲、名家讲学、文化沙龙、创文明短语征集等形式新颖的、多样化的读书活动,帮助读者明确读书的重大意义,坚定读书的意志,努力使读书成为全校师生的自觉行动,并取得良好效果。多渠道,多层次,从知与行的不同努力方向,营造出一个典型的书香校园,每日 1 万多人次涌入图书馆,取得了宣传力度大、师生参与面广的活动效果,学习型校园已初步建成。

2."书香机关"代表:湖南省核工业地质局

在全局大力倡导学习之风,以打造"学习型机关(党组织)"为抓手和契机,努力创建"书香机关",催生了浓厚的读书氛围以来,湖南省核工业地质局着力营造良好的发展环境,各项事业走上了又好又快的发展轨道。使全局事业呈现出前所未有的喜人局面。首先,从局长到员工营造了"自己再累也要读书,工作再忙也要看书,收入再少也要买书,住处再挤也要藏书,交情再浅也要送书"的良好氛围。其次,湖南省核工业地质局积极探索并建立了推进读书活动的考核管理机制(将读书学习情况纳入领导年度述职内容)、学习激励机制(每年都列出专门经费用于购置书籍和职工的再教育学习)、培训调研机制(近年来有多篇调研成果在省市获奖),增强了读书活动的生命力,使学习成为机关工作人员的一种习惯,一种自觉行动。第三,积极组织干部职工参加"全民阅读进机关"领导干部读书报告会、"三湘读书月"等活动,搭建学习阅读平台。积极实施引进来战略,大力培育学习之风。经常邀请省内外著名教授、专家学者举办讲座，搭建学习交流平台，以及学习展示平台。浓厚的学习氛围创造了丰富的学习成果，以及突出的工作业绩。2008年，全局有4篇论文获市以上奖励。2009年，《深化文明创建 促进跨越发展》获省直工委调研论文三等奖。2010年，全局4篇调研论文在省直机关党建课题调研中获奖，其中1篇一等奖，3篇三等奖，4篇论文均被编入湖南省人民出版社出版的《建立健全学习实践科学发展观畅销机制的实践与思考》一书。与此同时，各项事业实现了前所未有的突破：经济增加值翻了一番，利润增加了2倍，版权增加了16倍，国有资产增值了1.5倍，职工人均年收入增加了1倍；获得"省直机关文化建设示范单位"、"湖南省廉政建设先进单位"、"湖南省直机关先进机关党委"等数十项荣誉称号。

3."书香家庭"代表：阮梅家庭

阮梅，湖南华容人，著名报告文学作家，2002年毕业于湖南师范大学中文系，1983年开始发表文学作品，著有散文集《送你一枝原野竹》等。2003年，阮梅在同一所中学听到了两个不好的消息，一女生怀孕，跳河自杀，一成绩非常优秀的男生，因无法控制自己的网瘾，服毒身亡。两个孩子的死，激起了阮梅对农村少年儿童成长环境的特别忧虑。意识到自己作为一个母亲应该为孩子们做点什么，于是，阮梅决定放弃散文诗歌的文学创作，将可以利用的时间，都用来从事农村留守儿童问题的调查，以此唤醒大家对留守儿童问题的重视与关注。接下来的五年，阮梅先后到五个重点打工省份，走访调查农村留守儿童；跑康复医院、精神病院、少管所、看守所，走访调查学生心理问题；到汶川大地震灾区,走访调查受到共青团中央表彰的英雄少年,期间还阅读了大量的文献书籍。在三次大的走访调查过程中,由于经济拮据、学识不足、交通不便、方言障碍、身体疾患等问题,精神曾好几次濒临崩溃,但依然坚持下来。读过万卷书,行过万里路,报告文学集《天使有泪》《拿什么来爱你》,长篇纪实文学《世纪之痛——中国农村留守儿童调查》《汶川记忆——中国少年儿童生命成长启示录》陆续出版,屡次成为各大媒体关注的焦点。其中《灾难,终将成为人类的背影》一文,在《中国教育报》专版发表后,中央政策研究室《书刊摘报》当月全文转载,获中央政治局委员、国务委员刘延东亲笔批示肯定。在她的影响下,她的家人也都养成了爱读书的好习惯,爱人于友良在企业打工期间,刻苦钻研,获得经济师职称。女儿于倩从广博的阅读中获得各类知识营养,轻松成为全省高考"状元",阮梅自己也通过读书,改善了工作环境,成就了作家梦想。

4."书香军营"代表:长沙市天心区人民武装部

近两年来,天心区人武部党委扎实开展"创建学习型军营"活动,积极引导全体干部把学习作为人生的第一需要。首先,党委十分重视。先后3次召开党委会,经过充分酝酿、论证,出台了"创建学习型军营"实施方案,成立了由政委苏宏洲、部长苏自立同时担任组长的学习领导小组。政委主抓政治理论学习、文化教育、两用人才培训;部长主抓民兵预备役业务和高科技知识学习。并且明确要求每个干部要"日练百字、周写一文、月标一图"。二是舍得投入,学习保障充分。必要的物资保障是搞好学习的必备条件。为此,该部先后投资50余万元,加强了学习阵地建设,完善了"一室、两场、一部"各项设施。学习室为每名干部配备了电脑,灯光篮球场和羽毛球场做到了标准规范,俱乐部各种文体健身器材齐全,图书室藏书量达到了两万余册。三是措施有力,学习效果明显。该部建立健全了一整套学习考勤、检查、考评制度,规范了在职学习和八小时以外学习活动的时间、内容,明确了周一晚和周五下午为政治理论学习时间,周二下午和周三晚为业务学习时间。同时鼓励大家参加函授学习和自学考试,凡成绩合格取得本科文凭者,凭毕业证报销三分之二学费。通过制度抓学习,全体干部的学习自觉性进一步增强,学习风气进一步浓厚,机关风气进一步好转,全体干部比、学、赶、帮、超,蔚然成风。党委班子凝聚力、战斗力进一步增强:一班人政治坚定,团结协作,求真务实,廉洁自律,人武部党委去年被警备区评为全面建设先进单位,今年又被警备区评为先进党委;干部队伍综合素质进一步提高,所属 9 名干部,工作都能独当一面,全体干部职工自觉遵章守纪,抵制酒绿灯红的侵蚀,八小时以外的文体活动开展得有声有色、丰富多彩,在省军区、军分区举行的各种评比竞赛中,多次取得优异成绩。

5.“书香村组”代表:株洲云龙示范区云田镇云田社区

云田镇云田社区位于株洲云龙示范区的东北部,全社区(村)共 5.7 平方公里,25 个居民小组,569 户,2639 人,2010 年人均收入达到 16000 元,主导产业是花木种植。全社区共有党员 81 名,下设两个党支部委员会,其中支村“两委”成员 7 人,自去年作为全市新农村建设重点村以来,乡、村两级真抓实干,新农村建设取得阶段性成效。先后多次被评为省市“五好党支部”、湖南省治安模范村、湖南省清洁工程示范村、株洲市文明村镇等荣誉称号。2008年，云田村被列为时任省委书记张春贤第三批学习实践活动联系点。云田社区农家书屋，在2009年已经建设完成。社区农家书屋设在居委会，也就是社区活动场所内，有书籍6000多册；社区以提高图书利用率为目标，以方便群众阅读为原则，结合农村实际，在书房开放时间上，社区坚持以人为本，按对象灵活设置。一个月最少开放8天，每周至少2天时间。在制度操作上，社区配备了一名大学本科文化水平的管理员，在图书分类、登记、上架、保管和借阅上都经过了示范区统一科学培训。在管理措施上，通过"农家书屋"这个载体更好的开展优质便民服务，注意发挥农民群众的主动性和创造性，听取他们对农家书屋的管理和维护的意见，便于进一步的完善好农家书屋的建设，发挥更大的作用。

社区依托农家书屋，开展一些形式多样的文化活动，进一步培养农民的阅读习惯，提高农家书屋的利用率，帮助农民通过这本书学到一定技能，通过报刊杂志及时掌握信息，把书屋实实在在打造成培养新型农民的学校；与农村党员教育结合起来，使农家书屋成为宣传党的方针政策、传达党和政府声音以及基础党的建设的重要阵地；关注未成年人的成长，为他们提供需要的学习辅导材料和有利于健康成长的课外读物，为他们营造一个理想的精神家园。

6."书香企业"代表：长沙新奥燃气有限公司

为深入贯彻科学发展观和党的十七届四中全会精神，加快推进国际文化名城战略，构建和谐长沙，促进和谐发展，加强和创新公司管理，长沙新奥燃气有限公司积极参与"三湘读书月"活动和全民阅读进企业活动，狠抓职工培训和学习，促进了员工队伍素质水平的提高,推动着长沙天然气产业的迅速升级。

首先,公司有创建"书香企业"的长远规划、近期目标和实施办法,有健全的组织领导体系,有明确的各类人才培养目标和任务,以"成为学习型组织,助推燃气事业发展"为目标,先后出台《基层员工技能等级评定方案》、《专业技术人员任职资格评定方案》、《管理人员任期考核方案》、《管理人员能力提升方案》,逐步建立基于职业发展的能力提升体系。从职位规划、岗位选拔、能力提升、考核评价、激励兑现五个维度全方位促进员工成长。累计培训经费支出近 1000 多万元,确保了职工学习的权利,有效支撑了公司各项学习培训活动的开展。公司还建有读书活动网站,班组和部门建有学习园地,定期组织学习。公司建成了长沙新奥"职工书屋",配备专人负责管理,2010 年被评为长沙市"职工书屋"示范点。

其次,学习形式多样。公司领导成为学习的带头人,建立了终身学习和学以致用的激励机制。提倡"以书为礼","送书是给员工最大的福利"使得员工从被动学习转变成创造性的学习,读书成为长沙新奥员工的新的生活风尚,公司也因此被评为 2009 年省级职工职业道德"十佳"单位。同时,公司还组织开展了《创新服务,科学发展》为主题的"能力提升与管理大家谈"培训,促进了管理人员对国内国外形势的了解,加强了对社会发展的科学认识,明确了企业发展的机遇与挑战。在经世致用的传统熏陶下,公司上下积极学以致用,回馈社会,努力扩大了用户规模,拓展了管道燃气业务,进一步提升了长沙的城市气化率,使更多的市民得到了实惠。

7."书香社区"代表:长沙市天心区大托镇一力社区

一力社区位于大托镇中心地带,总面积约 1.95 平方公里,辖区单位 15 家,总人口 2 万余人,常住人口 8173 人,其中低保户 71 户、残疾人 67 人、老年人 1373 人,有幼儿园 1 所、中小学 3 所、大中专院校 4 所,目前是一个拥有 1373 人的老龄化社区和一个拥有 1000 多名青少年群体的大社区。为了满足居民群众文化需求,大托镇一力社区针对社区退休人员多、青少年多、对图书阅览室的需求多的实际情况,在社区资金匮乏、场地资源有限的情况下,把图书阅览室的建设作为社区服务工作的重中之重,不仅将社区一楼唯一一个功能室设为图书阅览室,还整合辖区单位资源,将位于辖区单位五七一二工厂的 170 平方米的图书阅览室争取过来,进行翻新和改造,最大限度的满足居民需求。从各条线工作资金中挤出资金用于社区图书阅览室建设,投入 5 万元,添置 3000 多册图书,以此满足不同居民的阅读需求。在活动组织形式上,成立了图书阅览室自我管理组织,征集多方意见,开展了读书知识竞赛、读书会、读书演讲、读书节、读书论坛等丰富多样的活动,营造更能贴近居民的文化形式和活动平台,激发了居民学习的积极性,同时,也提高了居民的整体素质。同时,主抓青少年群体的阅读,推荐好书,并举办各种读后感活动,加强积淀,以此激励青少年朋友进行不断学习,大大提高了居民素养,繁荣了居民文化生活。

第三章　湖南城市阅读指数

随着两届"三湘读书月"活动的成功举办,全民阅读活动进入重要的转型阶段。"湖南城市阅读指数"作为量化衡量全省城市居民阅读情况,科学考察和指导公共阅读活动的实践,为分析居民的文化教育素养和思想文化发展状况提供基础,为制定未来全民阅读工作方针政策、工作方向提供可靠的参考。

一、科学考评阅读行为,建构湖南城市阅读指数

(一)什么是"湖南城市阅读指数"

湖南城市阅读指数是从公众角度系统考察城市居民的阅读行为水平,以湖南省全省居民阅读情况调研数据为基础,并以"公共图书馆、阅览室、藏书量"等二手资料数据为辅助,运用"结构方程"的分析方法构建的由阅读环境和阅读行为构成的阅读指标体系。

在湖南城市阅读指数研究中,将阅读的定义为相对狭义的阅读,即图书阅读、杂志阅读和数字阅读中的深度阅读(如阅读电子书、图书连载等),其余的浅阅读不包括在指标体系覆盖的范围之内。

(二)为什么要构建"湖南城市阅读指数"

湖南城市阅读指数是湖南省新闻出版局推动全民阅读的重要举措,也是以量化指标科学考察和指导公共阅读活动的创新尝试。

建立城市居民阅读指标体系有助于激发居民阅读积极性,提升居民的个人文化修养。城市阅读指数作为对居民实际阅读行为水平的反映,具有很强的实践意义,通过对居民阅读意识、阅读行为、阅读资源使用等情况的调查和分析,全方面描述湖南省居民的阅读情况,帮助居民了解自我阅读行为、形成良好的阅

读习惯。

建立城市居民阅读指标体系有助于相关部门的管理活动，科学、理性的促进、引导阅读。湖南城市阅读指数指标体系既反应居民阅读情况的客观水平，同时调查了居民的阅读环境满意度和阅读行为满意度，对于居民的阅读需求进行深入的挖掘和分析，有助于相应的职能部门和机构开展工作，促进居民阅读兴趣、引导居民形成良好的阅读习惯、为居民提供适宜的阅读环境，更好地以方便阅读、健康阅读和积极阅读为目标，为湖南省居民提供服务。

建立城市居民阅读指标体系有助于建设"书香社会"、学习型社会，对于整个社会文化建设具有重大意义。阅读指数指标体系中还涉及到了阅读环境的考察，从政府投入力度、现有公共阅读服务设施等多方面入手，调查结果将有助于反映社会多方面对于居民阅读行为的影响和作用，从而对于全社会的全民阅读有着多方面的指导意义。

（三）如何构建"湖南城市阅读指数"

"湖南省 14 个市州城市阅读指数"的构建包括抽样方案设计、数据采集与模型构建，项目组就整个项目的设计、执行、研究分析等方面多方听取业内领导专家意见，多次组织由总署领导、出版行业专家、统计局专家、院校专家参加的专家论证会，经过连续三年的实践检验，形成相对稳定的指标体系。

1.抽样方案设计

湖南省阅读指数调查对象为湖南 14 个市州的城市居民，即在 14 个市级党委政府所在城市的市区生活 3 年及以上的中国公民。综合考虑本研究对不同市州的关注需求，湖南城市阅读指数各市州配额根据"2011 年湖南省各地市统计公报"中各市州人口数量进行配比,并根据年龄、性别进行简单随机抽样调查。

2.数据采集

城市阅读指数所需数据采集主要通过两部分开展:"公共图书馆、阅览室、藏书量"等二手资料数据主要由湖南省统计局、湖南省新闻出版局和北京开卷信息技术有限公司提供和协助收集;全省居民阅读情况数据则通过"CATI 居民电话调查"方式采集。"CATI 居民电话调查"即计算机辅助电话访问调查,计算机与电话连接,进行随机拨号,访问员则根据屏幕上出现的问题对被访者进行提问,并将答案通过键盘或鼠标输入计算机。这种调查方法样本中能够包含一些通过面谈访问很难接触到的个体,加大调查的随机性,同时对一些涉及个人隐私或比较敏感的问题,如阅读时间、教育水平等。在电话访问中,由于存在着较大的距离感,获得回答的真实性更高。

3.模型构建

"城市阅读指数指标体系"的构建使用较为客观的结构方程的方法基于实证数据找寻变量之间的关系,对各指标赋予权重。结构方程模型(Structural Equation Modeling, SEM)是一种建立、估计和检验因果关系模型的方法,由北京大学刘德寰教授率领北京大学市场与媒介研究中心研究团队进行模型建构。

(四)"湖南城市阅读指数"的五大特点

科学性。阅读指数指标体系从方案设计、数据采样、模型构建、结果发布都采取正规方式,既符合阅读规律又符合统计规律。指数研究方案设计由第三方的专业研究公司和学校研究机构共同完成,保证执行公正性和研究方法的科学性。

权威性。湖南省统计局参与立项审批、项目指导、提供客观数据并审核研究结果。这是项目权威性的保障。

针对性。阅读指数指标体系针对我国国民阅读情况的特点设计,针对性强,有利于下一步阅读推广工作的开展,具备对文化产业战略指导和全民阅读推广工作参考的双重现实意义。

稳定性。经过三年的实践证明,城市阅读指数指标体系拥有较高的稳定性,保证了历年指数得分的可比性,使阅读情况的变化得以清楚呈现。

可行性。实践证明,阅读指数指标体系的内容和执行设计都是可行的。阅读指数调研和发布已经在湖南乃至全国都产生了重要影响。

(五)"湖南城市阅读指数"的实践价值

通过"阅读指数"能够建立科学、可量化的阅读评价标准,一方面切实考察居民的阅读现状和公共阅读环境,另一方面通过量化标准的设立,实现时间上和空间上的可比性,以真实可见的数据记录居民阅读情况的发展变化,以量化可靠的指标反映全省公共阅读环境的建设情况。

1.科学评价全民阅读活动效果

全民阅读活动无论从国家到省市还是到乡村,都在广泛推动,但是,需要有一个科学的衡量标准。阅读指数项目通过科学抽样调查的数据反映大众阅读的变化和趋势,有助于推动阅读工作进一步向深度和广度延伸,还可以针对不同人群的阅读偏好更有针对性地设计阅读活动,从而更有效地利用各种公共阅读资源,促进国民阅读水平的提升。

阅读指数设计考虑了两个向度,不仅客观调查每个城市读者读书的状况、程度、水平,同时它还客观评估了城市为阅读所提供的环境和条件,从个人阅读和政府推动两个层面进行综合评估。

2.引导和推动全民阅读活动开展

阅读指数的调研和发布是进一步推动全民阅读活动开展的科学、有效的方法。

科学评价是发布阅读指数的前提,同时还要考虑指数应当引起社会的广泛关注,包括人民群众的关注,也包括党和政府的关注。湖南省城市阅读指数体系中涵盖了读者个人阅读和政府推动阅读两个层面,可以说把人民群众最关心的事和党和政府最关心的事结合起来。因此,对于激励、鞭策群众"多读书、读好书",以及鼓励政府加大对阅读的投入均有重大作用。

二、行为、态度、环境三方面综合评估阅读情况

(一)湖南城市阅读指数指标体系结构

经过 2011 年初步指标构建实验,与 2012 年的完善,2013年湖南省城市阅读指数基本承袭了前两年的体系结构,并根据实际计算结果略做调整,2013 年湖南省 14 个市州城市阅读指数指标体系由 1 个"城市阅读指数"和 2 个"城市阅读指数影响因素"组成。具体如图 28 所示:

城市阅读指数包含一级指标 1 个,即"城市阅读指数"。在此一级指标下,分为 4 个二级指标:阅读行为、阅读丰富程度、阅

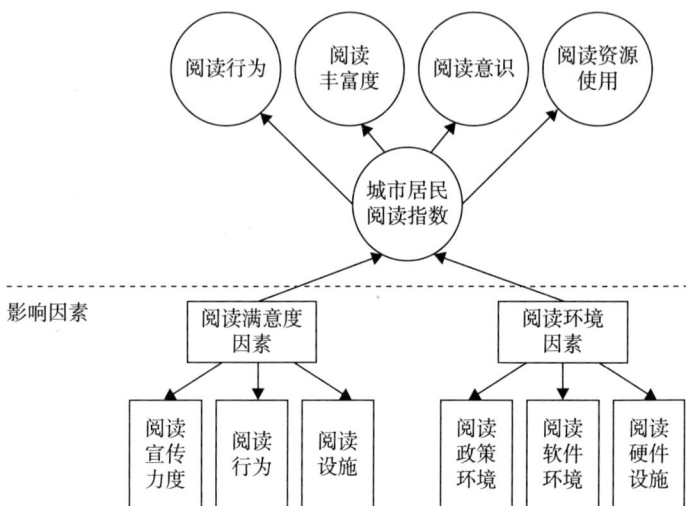

图 28   2013 年湖南城市阅读指数指标体系结构示意图

读意识、阅读资源使用。

除城市阅读指数外,指标体系还考量城市阅读指数的影响因素,影响因素分为 2 个一级指标:阅读满意度和阅读环境。

"阅读满意度"因素下又分阅读宣传力度满意度、阅读设施满意度、阅读行为满意度 3 个二级指标。"阅读环境"因素下分阅读政策、阅读软件环境以及阅读硬件设施 3 个二级指标。

湖南城市阅读指数是对阅读情况以及影响阅读的满意度、环境等方面的综合评估。

(二)湖南城市阅读指数指标体系组成部分释义

第一部分,城市阅读指数。

这一指标反映城市居民的阅读行为,考察城市居民的阅读意识、个体阅读行为、阅读丰富度、阅读资源使用。(城市阅读指数的数据通过读者调查获得)

第二部分,阅读指标影响因素。

阅读指标影响因素是指对阅读指标具有重要影响作用的因素,包括阅读满意度因素和阅读环境因素。

阅读满意度因素反映了城市居民对阅读现状的评价及期望,从居民自身的角度来衡量其对目前阅读环境、阅读行为水平的满意度,是居民对自身阅读情况的态度性指标。(阅读满意度因素的数据通过读者调查获得)

阅读环境因素反映了政府、社会、媒体引导下的公共阅读环境,具体体现为该城市的阅读政策、阅读软件环境和阅读硬件设施的情况。(阅读环境因素的数据通过二手资料获得,为了规避因城市人口规模差异导致的不可比,在对各市州横向比较时,这个因素使用人均数值进行分析)。

三、湖南城市阅读指数

(一)从阅读指数看湖南阅读

1.以实际阅读行为为核心的湖南城市阅读指数

城市居民的阅读指数是从公众角度系统考察城市居民的阅读行为水平。为了衡量这一指数,将其分解为个体阅读行为(分为阅读量、阅读消费水平和阅读态度)、阅读意识、阅读丰富度和阅读资源使用四个指标,有助于系统地全面呈现城市居民阅读行为的各个方面。将这四个指标加权计算得出阅读行为总分,即为城市阅读指数。

实际阅读行为为核心。根据结构方程分析的结果,2013年在构成城市居民阅读行为的四个指数中,个体阅读行为指数的贡献值仍然是最大的,权重为42.33%,说明了实际的阅读行动

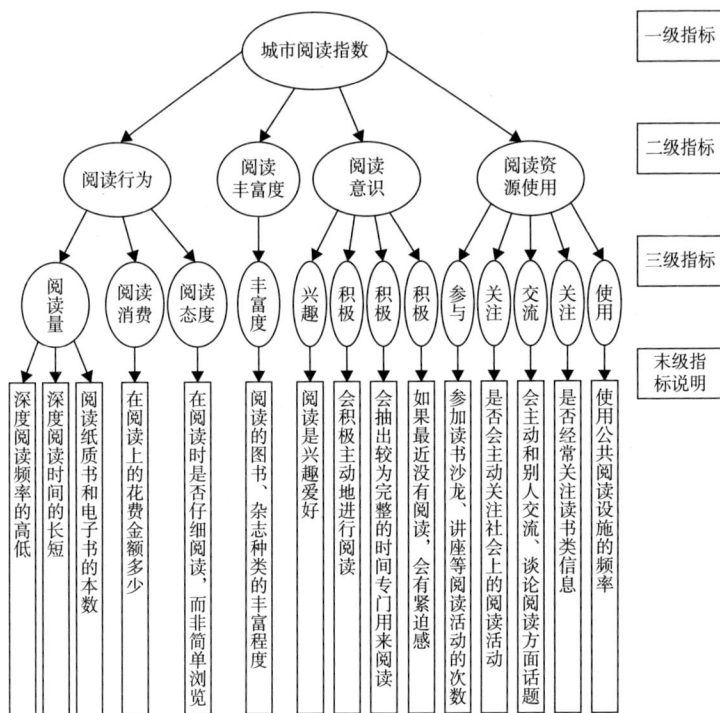

图 29   2013 年湖南省 14 个市州城市阅读指数示意图

对于阅读整体情况的得分有着最直接和最显著的作用;其次贡献度较高的是阅读类型的丰富度,权重为 26.06%,说明了阅读的广度、阅读面的丰富程度也对阅读情况有着显著作用;除了实际的阅读行为外,是否喜爱阅读和对于阅读是否有积极的态度也影响着阅读指数的得分,阅读意识在阅读指数中的权重为 18.20%;如今人们对于阅读信息的获取拥有更加便捷的途径,特别是数字阅读的发展,使得人们获取阅读资源更加便捷,对于公共阅读资源的使用也就相对较弱,在湖南城市阅读指数的四个构成方面中,阅读资源使用的权重最低,为 13.41%。

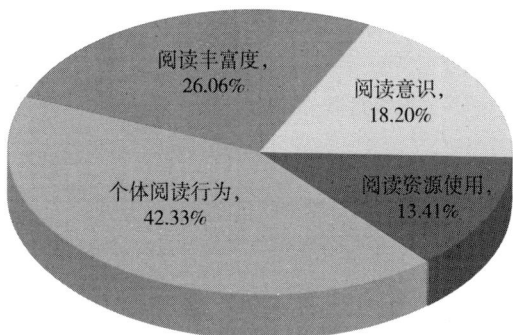

图30　2013年湖南省14个市州城市阅读指数结构及贡献度

体系稳定,行为重要性提升。湖南城市阅读指数的结构三年来整体变化不大,较为稳定,个体阅读行为在整个指数中一直处于最重要的位置,且重要程度有所提升,由2011年的40.6%提升至2013年的42.33%。同样与实际阅读行为相关的阅读丰富度的权重也一直处于第二位,但重要性较前两年略有下降,由2011年的30.18%,下降至2013年的26.06%。展现阅读喜好度及积极性的阅读意识指标重要性较为稳定保持在18%以上。阅读资源使用的贡献度在三年来一直处于相对较低的水平,贡献度一直低于17%。

阅读指数指标体系各构成部分贡献度的稳定与变化,说明了在阅读指数中,实际阅读行为是阅读情况的最主要决定因素,同时阅读的广度和阅读态度也对阅读情况有积极影响,阅读资源使用对整体阅读情况也有一定影响,但影响相对较小。因此,让居民多读书、读好书方面,给予居民更多阅读时间和阅读内容,是提升整体阅读情况的最重要方面。

表 14　2013 年湖南城市阅读指数二级指标贡献度变化

一级指标	二级指标	贡献度		
		2013 年	2012 年	2011 年
城市阅读指数	个体阅读行为	42.33%	35.65%	40.06%
	阅读类型丰富度	26.06%	27.06%	30.18%
	阅读意识	18.20%	21.11%	18.87%
	阅读资源使用	13.41%	16.19%	13.27%

2.稳步成长的湖南阅读指数

城市阅读指数是评价整体阅读情况的指标体系,每一指标最低分为 0 分,最高分为 100 分,得分越高,说明阅读情况表现越好。

2013 年湖南省城市阅读指数总得分为 66.49 分,整体阅读情况处于中等偏上水平,但提升空间仍很巨大。具体来看,湖南省阅读指数各二级指标的表现情况,可以看到,湖南省整体在阅读类型的丰富度和阅读意识两个方面表现较好。说明湖南省城市居民在阅读面上有一定的广度,同时对于阅读有兴趣,愿意积极地去进行阅读。

相比阅读丰富度和阅读态度,湖南省城市居民在个体阅读行为和对阅读资源的使用方面表现较弱,个体阅读行为得分为 64.69 分,略低于总指数得分,而阅读资源使用得分则不足 60 分,仅为 57.79 分,这也是阅读指数得分相对较低的主要原因,说明湖南城市居民对于公共阅读资源的使用相对较少,参与度有待提升。从个体阅读行为上来看,湖南城市居民有较好的阅读态度,阅读仔细程度较高,同时有一定的阅读量,但是在花费方面相对较弱,为阅读的花费投入金额偏低。

　　经过三年的指数建构,湖南城市阅读指数模型基本稳定,而从三年来阅读指数得分上来看,呈现了缓慢增长的趋势,由2011年的62.92分提升至2013年的66.49分,居民阅读情况整体来看逐年向好。

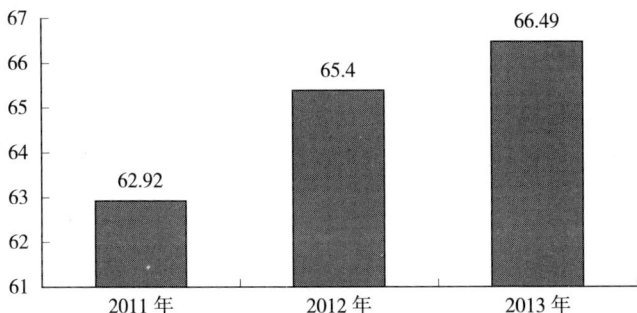

图31　2011—2013年湖南省城市阅读指数得分比较

　　从各二级指标上来看,个体阅读行为得分三年来基本持平,略有提升,居民整体实际阅读行为变化不大。

　　阅读丰富度得分在历年调查中的得分均相对较高,特别是在2012年得分超过70分,2013年得分略有下降,但仍处于较高水平,从得分上可以看出城市居民在阅读时注重阅读主题的多样化,涉猎阅读范围相对较广。

　　展现阅读积极性和阅读兴趣的阅读意识指标,三年来有小幅提升,从2011年的66.17分,提升至2013年的68.22分,在近三年的时间里,湖南城市居民阅读意识有所提升,这与政府、媒体对阅读重要性的宣传不无关联,提升了居民对阅读的重视。

　　阅读资源使用的得分在三年来一直处于偏低水平,成为阅读指数的一个短板,但纵观三年情况整体趋势为缓慢攀升,2011年仅为 52.47 分,2012 年提升至 53.74 分,2013 年提升幅度较大,为 57.79 分,阅读资源使用得分的提升,极大地促进了整体阅读指数得分的提升。居民对阅读资源使用情况向好,与近年来湖南省政府在拉近阅读资源与读者距离方面的努力分不开,如长沙市 24 小时不打烊的图书馆和麦当劳图书角,都使得居民能够更好、更便捷地接触、使用阅读资源,同时注重网络渠道的宣传力量,通过手机阅读、微博、网站官网等新媒体平台向居民推荐好书,提供好书,鼓励居民阅读,也加强了居民对阅读信息的接收、使用与交流,促进了阅读资源使用指数得分的提升。

表 15   历年湖南省城市阅读指数及二级指标得分情况

城市阅读指数 各级指标得分情况	2011 年 平均得分	2012 年 平均得分	2013 年 平均得分
城市阅读指数	62.92	65.40	66.49
个体阅读行为	64.10	64.01	64.69
阅读类型的丰富度	63.91	73.57	69.43
阅读意识	66.17	66.20	68.22
阅读资源使用	52.47	53.74	57.79

3.男女阅读不同,爱书不分学历

为了更清楚地看到不同特征对于群体阅读情况的影响,我们对湖南城市阅读指数进行了多元回归分析。多元回归分析是研究多个变量之间关系的回归分析方法,在本次研究中,我们以城市阅读指数作为因变量,考察人群各项基本属性对于阅读指数得分的影响。从分析得到的结果可以看出城市居民阅读指数在不同年龄、学历、性别等群体中的差异与特点①。

男女阅读有不同：

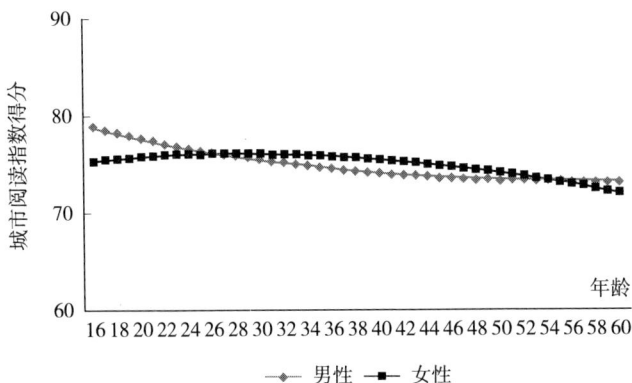

图 32 城市阅读指数与年龄、性别的回归模型

城市阅读指数同年龄和性别形成多元交互影响，表现出明显的趋势。从图 32 中可以看到，在男性群体中，随着年龄的增长，湖南省城市阅读指数呈现出下降趋势。在女性群体中，随着年龄的增长，湖南省城市阅读指数呈现先增长，到 31 岁左右达到高峰，然后下降的趋势。通过性别对比来看，在 26 岁左右以前，男性的城市阅读指数较女性更高，并且，年龄越小，两者的差距越大。从 26 岁至 54 岁，湖南省女性的城市阅读指数高于男性，并且这种差距在 38 岁左右最为明显。54 岁以后，湖南省男性的城市阅读指数再次超越女性，并且差距随着年龄的增大而变大。

在湖南省，年轻群体和年老群体中，男性的阅读情况均优于

---

① 分析中，项目组对所有变量都进行了分析，但是，多数情况下由于不是线性关系无法拟合出回归方程。报告中展示的是拟合度最高的回归方程结果。

女性,但是在最忙碌的青年、中年时期,女性的阅读情况则略优于男性,这与这一阶段男性工作相对更为忙碌,阅读时间较少不无关联。

藏书量弥补学历差异:

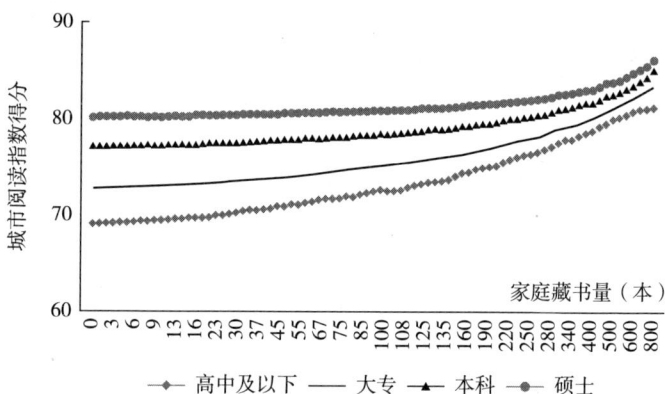

图33   城市阅读指数与藏书量、教育程度的回归模型

在一般感觉中,学历越高的群体拥有更好的阅读习惯,因此阅读状态也就越好,从城市阅读指数与学历的关系上来看,也呈现出这一状态,学历越高在阅读指数上的得分就越高(见图33)。但在学历之外,由家庭藏书量为代表的家庭阅读环境、氛围、习惯,直接影响着城市阅读指数的高低,在不同学历群体中,藏书量越多阅读指数得分就越高,并且随着藏书量的提升,不同学历群体之间阅读指数的得分差距越小,说明了家庭阅读环境对人们阅读的情况有着直接积极地促进作用,并很大程度地弥补了由于学历造成的阅读习惯差异。

4.省会长沙领衔湖南阅读

在湖南省的十四个市州中,长沙是湖南省省会,是楚汉文明

图 34　湖南省十四个市州地域分布图

和湖湘文化的始源地,是湖南省政治、经济、文化、交通和科教中心,亦是"环长株潭"城市群龙头城市。长沙市经济发达,文化氛围浓郁,拥有较多的阅读资源,湖南省 12 家出版社中有 11 家都在长沙。同时媒体的发达,人口素质水平的提高,使得长沙市的阅读氛围较为浓郁,从城市阅读指数的得分来看,三年来长沙市一直保持着省内第一的领先位置,得分也基本保持在 70 分上下,显著高于全省平均水平。

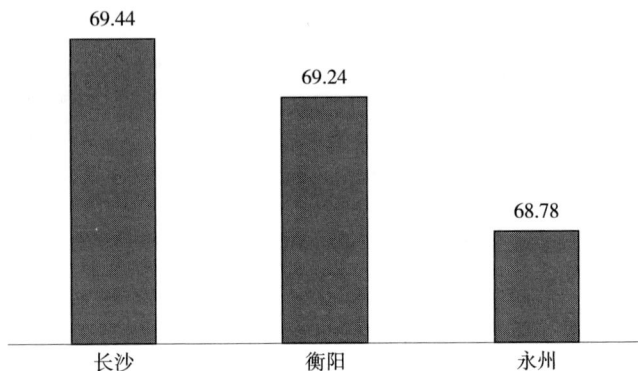

图35　2013年湖南省城市阅读指数得分TOP3市州

　　衡阳市是湖南省的第二大城市,是省域副中心城市,是华南北部地区(湘中南、粤北、桂北)的中心城市和湘南的政治经济文化中心。衡阳市历史文化悠久,宋代四大书院中的"石鼓书院"就坐落于衡阳,是湖湘文化的重要发源地之一。从城市居民的阅读情况上来看,衡阳市居民的表现在十四个市州中也处于领先位置,三年来稳居第二位,得分均在67分上下,仅次于长沙市。

　　永州市是湖南省四大历史文化名城之一,位于湖南省西南部潇湘二水汇合处,因此永州也雅称潇湘。永州历史文化有"五源"之说,即中华民族道德文明之源、世界稻作农业之源、中国制陶工艺之源、瑶族发祥之源、女书之源。而永州的成名则是源于《永州八记》,柳宗元以小见大地将永州山水的细幽之美描绘得别具一格,使得其更为人所知。永州有着深厚的文化底蕴,从阅读情况的表现来看,永州城市居民的阅读情况在各市州中也居于领先,得分基本在66分上下,高于湖南省整体平均水平。

从阅读指数各市州之间的差异来看,2013年城市阅读指数的两极分化程度较2011年有所缩小,但较2012年有所扩大,最高分的长沙市(69.44分)较最低分的湘西州吉首市(61.25分)高了近8分,同样的数据2011年14.48分,2012年是4.7分。

表16　历年湖南省各市州城市阅读指数得分情况(按2013年得分由高至低排序)

各市州城市阅读指数得分	2011年平均得分	2012年平均得分	2013年平均得分
长沙	70.21	67.77	69.44
衡阳	65.02	67.17	69.24
永州	64.99	66.66	68.78
湘潭	64.39	65.86	67.76
株洲	63.24	65.81	67.42
岳阳	60.27	66.2	67.34
常德	65	66.36	66.91
张家界	60.46	63.72	66.55
益阳	59.89	63.78	65.99
郴州	63.46	65.17	65.24
怀化	55.73	63.14	64.42
邵阳	58.98	63.45	64.4
娄底	60.37	63.7	62.6
吉首	62.8	63.57	61.25
湖南总体	62.92	65.40	66.49

5.与电视抢时间的青少年阅读

阅读是人们学习知识、接受教育、提高智力、获得教养的最根本途径,青少年时期是人一生中重要的知识、能力的学习和储备期,青少年阅读的能力的高低直接影响到未来的成长和对社会的贡献。作为整个民族的根基,国家未来的希望,青少年的阅读能力决定着未来国家、民族的发展,因此在各个国家、各个时代,青少年阅读的推广都为政府所重视。

如今社会的迅速发展,文化的繁荣使得阅读资源极大丰富,公共图书馆、书店、网络的发展,使得阅读资源的获取途径更加便捷与多样,政府、学校、出版单位、媒体对阅读的重视与推广,使得更多优秀的阅读资源能够被青少年获知与了解。与过去相比,如今青少年的阅读环境更加便利、自由与自主。但同时也应该看到,社会竞争的日趋激烈使得青少年学习压力增大,功利性阅读影响了青少年对阅读的态度,电视剧、电影、动漫、游戏等多种娱乐形式对青少年课余休闲时间的抢夺和挤占,都影响了青少年的阅读情况。

从2013年的湖南省居民城市阅读指数同年龄的分布关系上来看,呈现出在"46—55岁"年龄段之前,随着年龄的增长,城市阅读指数的得分下降,至"46—55岁"年龄段达到最低,而"56岁及以上"人群的城市阅读指数得分有所提升的趋势。15—18岁青少年群体的阅读状况在各年龄段中表现最佳,这与青少年仍在学校,有较强的学习阅读需求,同时学校对阅读的要求和阅读资源的提供,有较大关联。

从湖南省三年的调查情况来看,青少年一直是社会中阅读情况最优的群体,得分领先于其他年龄段人群。但也应该看到,

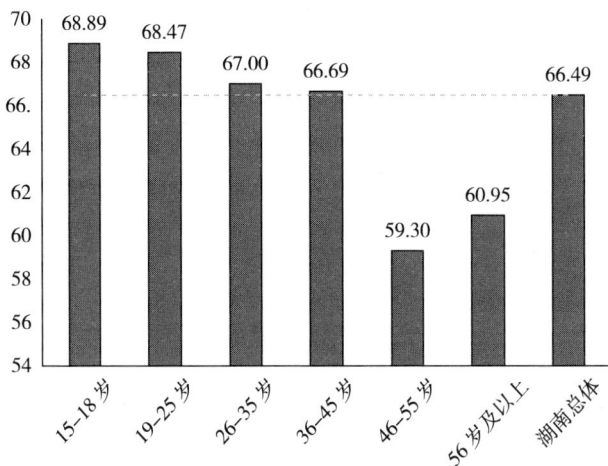

图36　2013年湖南省各年龄段城市阅读指数得分比较①

青少年城市阅读指数的得分,从 2011 年的 72. 24 分,下降至
2012 年的 69. 35 分,下降至 2013 年的 68. 89 分,三年的持续下
降,提醒各界给予十分关注。从各项指标来看,青少年有较好的
阅读态度,阅读积极性和喜好度得分均较高,城市阅读指数的下
降主要来自于个体阅读行为得分的下降,这与前面提到的多样
化娱乐方式对阅读时间的严重挤压有极大关联。如何能够帮助
青少年群体有更多的时间进行阅读,提高阅读的积极主动性,使
阅读成为青少年休闲娱乐的重要选择,还需要政府、学校、媒体
各界的多方努力。

---

①　说明:在本项调查中,青少年指 15—18 岁年龄段读者。

表 17   历年湖南省各年龄段城市阅读指数得分情况

城市阅读指数 各年龄段得分情况	2011 年 平均得分	2012 年 平均得分	2013 年 平均得分
15—18 岁	72.24	69.35	68.89
19—25 岁	64.98	65.83	68.47
26—35 岁	63.60	65.40	67.00
36—45 岁	61.06	65.58	66.69
46—55 岁	56.98	61.27	59.30
56 岁及以上	51.32	62.42	60.95
湖南总体	62.92	65.40	66.49

注:青少年群体指 15—18 岁人群

（二）最重要的考量:个体阅读行为

在城市阅读指数的各二级指标中,个体阅读行为对整体指数的影响最为重要,贡献度最高,2013 年贡献度达到 42.33%。个体阅读行为是衡量居民阅读量、阅读消费水平等实际阅读行为的指标,得分越高表示居民的阅读行为越好。2013 年湖南省居民的个体阅读行为平均得分为 64.69 分,略低于阅读指数的总分值。

从个体阅读行为的结构上来看,在三个下级指标中,阅读量的贡献度最高,为 54.96%。阅读量包括阅读频率、阅读时长和阅读书籍的本数三个方面,直接反映了居民对阅读时间、精力的投入。从 2013 年湖南省城市居民的阅读量得分来看,阅读量的平均得分为 66.30 分,较 2012 年的 64.28 分有小幅上升,说明居民对于阅读给予了更多的精力投入,特别是在阅读频率上,得分达到 72.30 分。阅读消费水平反映了人们对阅读的资金投入,对个体阅读行为的贡献度低于阅读量,但也较高为32.34%。阅读消费水平是个体阅读行为得分的一个短板,2013年湖南省平均得分仅为57.89分,是拉低个体阅读行为指标的主要原因,与2012年相比,阅读消费水平得分有较大下降,2012年得分为63.55分。阅读消费的下降与人们阅读形式的变化息息相关,原本纸质书刊为主导的阅读被数字阅读冲击,最直接的影响就是纸质图书、杂志购买量的下降,同时数字阅读消费习惯尚未建立完好,这也影响了人们对于阅读的资金投入。阅读态度反映的是人们阅读时的仔细程度,由此评估人们对阅读的认真态度。从阅读态度的得分来看,湖南省城市居民的平均得分为74.87分,并较2012年的72.08分有所提升,说明居民在阅读的过程中是较为仔细的,阅读对于居民而言是需要以认真的态度来进行的活动。

整体来看,湖南省城市居民在实际阅读行为中,能够保证一定的阅读频率和阅读时长,且有认真的阅读态度,但深度阅读(阅读杂志、书籍)的阅读本数相对较少,同时在阅读消费方面,数字阅读消费习惯仍处于培养初期,而纸质阅读受到数字阅读的影响,消费水平有所下降,成为拉低个体阅读行为指数得分的主要因素。从个体阅读行为上来看,培养读者的阅读消费习惯是目前最重要的改进方面,这首先需要通过政府、媒体等渠道进行宣传,培养居民的版权意识和付费观念,其次对出版进行监督和控制,杜绝乱定价和无谓的昂贵、精美装帧,再次,要大力发展数字阅读,为读者提供更多价格实惠的阅读资源,最后,减少阅读支付环节,方便居民购买,使居民愿意并有能力为阅读进行消费。

表18　2013年湖南省城市居民个体阅读行为情况

城市居民个体阅读行为情况	对上级指标贡献度	平均得分
个体阅读行为	42.33%	64.69
阅读量	54.96%	66.30
阅读频率	36.87%	72.30
阅读时长	36.83%	69.50
阅读本数	26.29%	53.43
阅读态度	12.97%	74.87
阅读消费水平	32.34%	57.89

（三）阅读的广度：阅读类型丰富度

城市居民阅读类型丰富度表现了居民阅读面的广度，是衡量阅读行为的另一个维度。阅读类型丰富度对于城市阅读指数的重要性低于个体阅读行为指标，但贡献度也达到26.06%，对于整体阅读情况有较重要影响。

与其他阅读指数的指标相比，湖南省居民整体的阅读类型丰富度得分较高，为69.43分，说明湖南省城市居民在阅读的类型上较为丰富，阅读有　定的广度。阅读类型的丰富和多样，对于居民特别是青少年来说是非常重要的，阅读面的宽窄在很大程度上决定了知识面的宽度，既可以是为工作学习阅读相关内容，也可以通过网络文学、漫画绘本等虚构作品进行休闲阅读，当然多元化阅读也不是要"滥读"，要根据自己的兴趣爱好、发展需要，有选择地进行阅读。

表 19　2013 年湖南省城市居民阅读类型丰富度情况

城市居民阅读类型丰富度情况	对上级指标贡献度	平均得分
城市阅读指数		66.49
阅读类型的丰富度	26.06%	69.43

（四）内在推动力量：居民的阅读意识

阅读意识反映了居民对阅读行为的重视程度、喜爱程度和主动积极程度，是居民内在的阅读动机，是阅读行为背后的动力性因素，阅读意识指数对于阅读行为指数的贡献度为 18.20%，三年来贡献度基本保持平稳，说明了阅读意识对指数的推动性相对稳定。

在阅读意识方面，2013 年湖南省城市居民的平均得分是68.22 分，高于城市阅读指数的总分数 64.34 分，也是所有二级指标中最高得分中最高的一项，说明湖南城市居民在阅读意识上较其他方面较为领先。同 2012 年的 66.2 分，和 2011 年的66.17 分相比，有一定程度的提升。在阅读意识的下一级指标中，可以看到居民在阅读是兴趣爱好上，得分最高，达到 75.1分，表现出对阅读的浓厚兴趣，具备较高的阅读诉求。但是这种诉求遭到社会现实的阻碍，能够抽时间专门进行阅读的人相对较少，在该项全省得分相对偏低，为 59.94 分。

从整体上看，湖南省城市居民阅读意识较好，喜欢阅读，同时也认可阅读的重要性，有一定的阅读积极主动性，在阅读上内在推动力较强，但受到工作、生活、学习压力等的外在因素的影响，难以为阅读辟出专门的时间。而这需要政府、企业、社区、媒体等多方共同努力，帮助居民能够有更多的精力和时间投入到阅读中来。

表20　2013年湖南省城市居民阅读意识情况

城市居民阅读意识得分情况	对上级指标贡献度	平均得分
阅读意识	18.20%	68.22
阅读是兴趣爱好	27.31%	75.10
会积极主动的进行阅读	29.66%	72.38
会抽出专门时间阅读	22.84%	59.94
如果没有阅读,会有紧迫感	20.19%	62.16

(五)阅读的有力补充:对阅读资源的使用

阅读资源的使用是由阅读活动参与度、阅读活动关注度、阅读信息交流、阅读信息关注和阅读设施使用五个次级指标构成,反映的是城市居民对于阅读的关注程度、参与程度,以及阅读设施的利用情况。与阅读行为、阅读丰富度、阅读意识相比,阅读资源使用对整体阅读情况而言是一个相对间接的指标,对城市阅读指数的贡献度最小,2013年的贡献度为13.41%,低于其他三个二级指标。

2013年湖南省城市居民阅读资源使用指数的平均得分为57.79分,为同级指标的中最低,说明了居民对阅读资源的使用、利用率有待提高。从阅读资源使用的各下级指标上来看,对阅读信息、活动的关注对资源使用的影响最大,说明了对阅读的关注意识和态度对整体阅读情况的推动有积极的影响。在阅读资源使用的下一级指标中,阅读信息关注贡献值最大,为27.71%,阅读活动关注度次之,为26.55%。从2013年的得分上来看,湖南省城市居民在阅读信息关注方面得分最高,达到了71.84 分,远高于同级别的其他指标得分,充分说明了居民对于阅读的关注,同时在阅读信息交流一项指标中,居民平均得分为58.57 分,表明居民有关于阅读信息的交流意愿,而阅读设施使用和阅读活动参与方面,城市居民得分相对偏低,特别是阅读活动参与度得分仅为23.14 分,是拉低了阅读资源使用整体得分的主要原因。在活动开展上,什么样的活动能够让居民愿意参与,能够参与,乐于参与,提高居民对于阅读活动的关注和参与,需要活动举办方对于活动形式、内容有更多创新,使活动更加贴近居民需要。

表21　2013 年湖南省整体城市居民阅读资源使用情况

城市居民阅读资源使用得分情况	对上级指标贡献度	平均得分
阅读资源使用	13.41%	57.79
阅读活动参与度	8.93%	23.14
阅读活动关注度	26.55%	58.48
阅读信息交流	25.14%	58.57
阅读信息关注	27.71%	71.84
阅读设施使用	11.67%	47.72

四、城市阅读指数影响因素——阅读满意度因素

(一)从满意程度看湖南阅读

1.宣传、设施、行为并重的阅读满意度指数

公众的阅读满意度因素,主要是从公众的角度来衡量公众对于城市阅读设施的满意程度、对于政府和媒体在阅读宣传力

度方面的满意程度以及对于实际阅读行为的满意程度,从这三个方面来对湖南省及各市州现阶段的阅读情况在公众心目中的水平和程度进行评价。在实际阅读行为满意度方面,又拆分为对自己阅读情况的满意度、对周围人阅读情况的满意度和对所在城市整体的阅读情况的满意度三个方面,多角度、全方位地测量城市居民对目前实际阅读行为的满意程度。在阅读满意度每一级衡量因素之下,都设计了具体的可操作的问题对其进行衡量,最后再经过结构方程的加权计算得出每一个因素的得分,最终形成阅读满意度指数得分。

2013年构成居民阅读满意度的三个指标对整体满意度的贡献差异不是非常明显,与2011年的2012年的结果相比,变化较小。相比较而言,三个下级指标中,对居民阅读行为满意度的贡献值仍是最大的,权重为35.67%,说明了对于实际阅读行为情况满意程度的感知,最能够影响对于阅读整体情况的满意度。其次贡献较高的是对阅读设施的满意度,阅读设施包括公共图书馆、阅览室等公共阅读硬件设施,以及图书馆藏书量、图书更新率、服务等软件环境,阅读设施的满意度对整体满意度的贡献率为32.66%,说明了居民对于城市所提供的公共阅读资源的感受,也在很大程度上影响了居民对城市整体阅读情况的满意度。相比较而言,阅读宣传力度的满意度对整体满意度影响相对较小,贡献度为31.67%,说明了居民所感受到的政府和媒体对阅读宣传所给予的力度,影响居民对整体阅读情况满意度的高低。

总体来看,阅读满意度三个二级指标贡献度差异不大,影响力度较为平均,整体满意度的提升,需倚仗宣传、公共设施、阅读

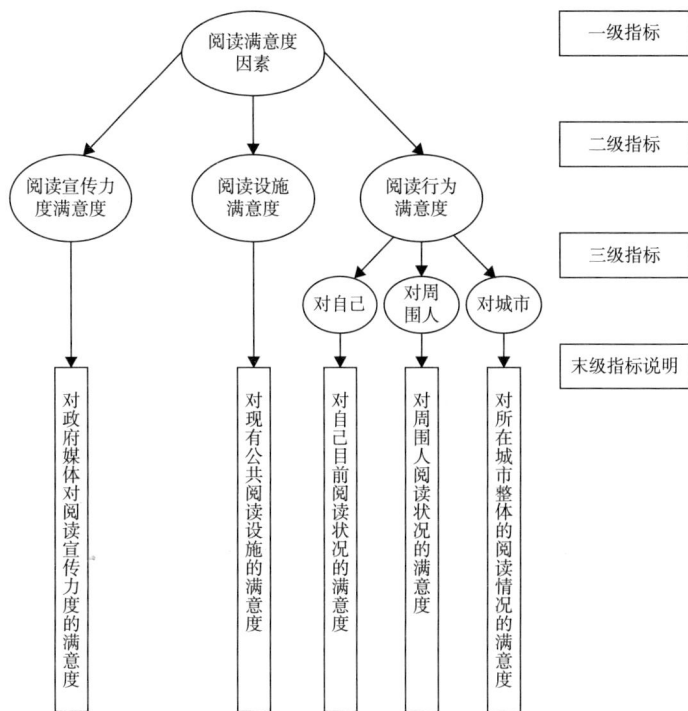

图 37　2013 年湖南省 14 个市州城市阅读满意度因素示意图

行为三方面满意度的共同提升。

　　湖南城市阅读满意度指数的结构三年来变化不大,结构稳定,对居民阅读行为的满意度在整个满意度指数中一直处于最重要的位置,但整体来看,重要程度略有下降,由 2011 年的 36.34%下降至 2013 年的 35.67%。而反映公共投入的阅读设施和阅读宣传的重要性则逐年提升,公共阅读设施满意度由 2011 年的 32.46%上升至 2013 年的 32.66%,阅读宣传力度满意度则有 2011 年的 31.30%上升至 2013 年的 31.67%

　　阅读满意度指数指标体系各构成部分贡献度的整体稳定度

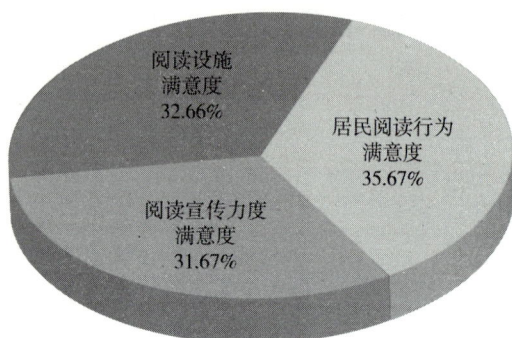

**图 38 2013 年湖南省 14 个市州阅读满意度指数结构
及贡献度结构图**

有小幅变化,说明了在阅读满意度指数中,对实际阅读情况的感
知仍然是影响整体满意度的最主要决定因素,但同时,居民对公
共投入的关注度有所提升,政府对阅读的重视和投入,严重影响
着居民对于阅读情况的满意程度,因此加强政府、媒体对阅读的
重视和推广,并使居民能够切身感受到、接触到、使用到,是提升
城市阅读满意度的重要方面。

表 22 2013 年湖南城市阅读满意度指数二级指标贡献度变化

一级指标	二级指标	贡献度		
		2013 年	2012 年	2011 年
阅读满意度指数	对阅读宣传力度的满意度	31.67%	31.38%	31.30%
	对阅读设施的满意度	32.66%	32.44%	32.46%
	对居民阅读行为的满意度	35.67%	36.18%	36.34%

　　2.结构稳定显著增长的阅读满意度
　　阅读满意度指数是对整体阅读情况满意程度评价的指标体

系,每一指标最低分为 20 分,最高分为 100 分,得分越高,说明
对整体阅读情况越满意。

2013 年湖南省城市阅读满意度指数总得分为 60.79 分,居
民对整体阅读情况处于基本满意的状态,有很大的提升空间。
具体来看湖南省阅读满意度指数各二级指标的表现情况,可以
看到,湖南省整体在居民实际阅读行为方面满意度较高,得分超
过了满意度指数的总体得分,达到 63.15 分。说明湖南省居民
对于自己感受到的居民实际阅读行为,整体上较为满意,有较好
的阅读情况,形成了一定的阅读氛围。

相比对居民阅读行为的满意度,湖南省城市居民对于阅读
宣传力度的满意度和公共阅读设施的满意度相对较低,阅读宣
传力度满意度得分为 59.39 分,公共阅读设施满意度得分为
59.57 分,均低于总指数得分,也正是这两方面拉低了阅读满意
度的总得分。说明湖南城市居民对于政府和媒体在阅读宣传和
公共阅读资源提供、维护方面有着较高的期望和要求,希望政
府、媒体给予阅读更多的宣传、推广,使更多居民能够感受到政
府对于阅读的重视,并能够更加方便地获取到更多阅读信息。
同时,城市居民也希望政府能够提供更多可供利用的公共阅读
设施,并提高设施的信息量和信息更新速度,加强使用便捷度,
使更多的人能够更多更好地利用这些公共阅读资源。

经过三年的指数建构,湖南城市阅读满意度指数模型结构
稳定,从三年来阅读满意度指数得分上来看,呈现了明显的增长
趋势,由 2011 年的 55.71 分提升至 2013 年的 60.79 分,居民对
整体阅读情况的满意度逐年提高。

从各二级指标上来看,对居民实际阅读行为、对政府媒体阅

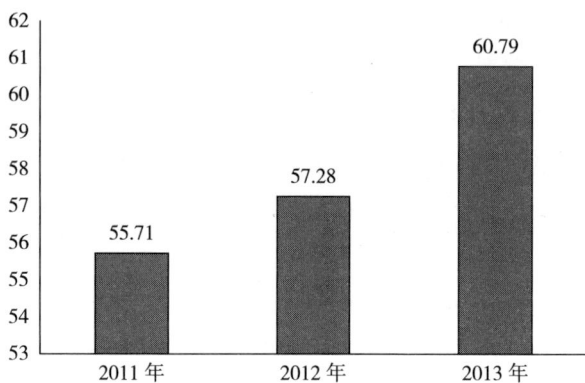

图39   2011—2013 年湖南省城市阅读满意度因素得分比较

读宣传力度和对公共阅读设施三个方面的满意度均呈现增长趋势。

居民实际阅读行为满意度在历年调查得分均相对较高，2013 年达到最高分为 63.15 分，也是阅读满意度各项指标中首次超过 60 分的指标，从得分上可以看出，湖南省城市居民的实际阅读行为在逐年向好，阅读氛围也在逐步形成。

而考察公共投入、维护的满意度指标，包括对阅读宣传力度的满意度和对公共阅读设施的满意度，虽然仍处于偏低水平，成为阅读满意度的短板，但从近三年的表现来看，同样呈缓步提升态势，阅读宣传力度满意度从 2011 年的 54.15 分，提升至 2013 年的 59.39 分，公共阅读设施满意度则是从 2011 年的 53.02 分，提升至 2013 年的 59.57 分，提升幅度较高，这两项指标满意度的提升与政府对阅读的重视以及对阅读的扶植和投入有较大关联，如"三湘读书月"活动的举办，社区阅读角的建立，都使得居民能够更好地感受到各界对阅读宣传与重视，同时也能便捷地享受到更好的公共阅读资源,促进了阅读满意度的提升。

表 23　历年湖南省城市阅读满意度因素及二级指标得分情况

城市阅读满意度 各级指标得分情况	2011 年 平均得分	2012 年 平均得分	2013 年 平均得分
阅读满意度	55. 71	57. 28	60. 79
阅读宣传力度满意度	54. 15	56. 85	59. 39
公共阅读设施满意度	53. 02	55. 18	59. 57
居民实际阅读行为满意度	59. 46	59. 54	63. 15

3.和生活抢时间,忙碌的金领阅读满意度低

为展现不同群体对阅读情况的满意程度,我们对湖南城市阅读满意度指数进行了多元回归分析。本次研究以城市阅读满意度指数作为因变量,考察人群各项基本属性的阅读满意指数得分。从分析得到的结果可以看出,城市居民阅读满意度在不同年龄、收入群体中的差异与特点①。

忙碌的金领阅读不满意程度高。

城市阅读满意度指数同年龄、收入形成多元交互影响,表现出明显的趋势。从图 40 中可以看到,无论收入状况如何,不同年龄对于阅读满意度都呈现出两头高、中间低的趋势。在 18—22 岁之间的阅读满意度最高,之后就随年龄增长而下降的趋势,到 36 岁左右达到最低点;之后,满意度得分又开始随着年龄的增加而上升。而从收入来看,不同收入水平对于阅读满意度

---

①　分析中,项目组对所有变量都进行了分析,但是,多数情况下由于不是线性关系无法拟合出回归方程。报告中展示的是拟合度最高的回归方程结果。

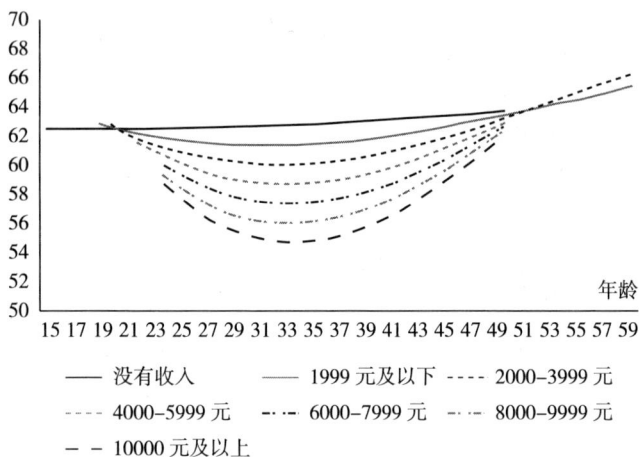

图 40　阅读满意度得分与年龄、个人月收入的多元回归分析

变化的影响较大。个人月收入越高的群体,随年龄变化而发生变化的幅度越大,越接近两头高、中间低的趋势。而低收入和无收入人群因年龄不同满意度发生变化的比例就非常少。

25—39 岁群体是社会中最忙碌的人群,也是压力最大的群体,而收入越高则一定程度上表示压力越大,阅读时间更难以保证,对社会提供的阅读资源感受、使用也最为薄弱,因此在阅读满意度上得分越低。如何帮助这一群体更好地进行阅读,更多地感受社会阅读氛围,是需要着重注意的,也是提升整体阅读满意度的关注人群。

4.满意度市州排名变化大,2013 年株洲夺魁

从湖南省各市州的阅读满意度得分来看,各市州公众对于阅读满意度存在明显差别,最高得分城市和最低得分城市差距在 10 分以上。在 14 个市州中,阅读满意度最高的是株洲市,得分 67.3 分,其次是常德市和岳阳市,得分分别为 64 分和 63.7

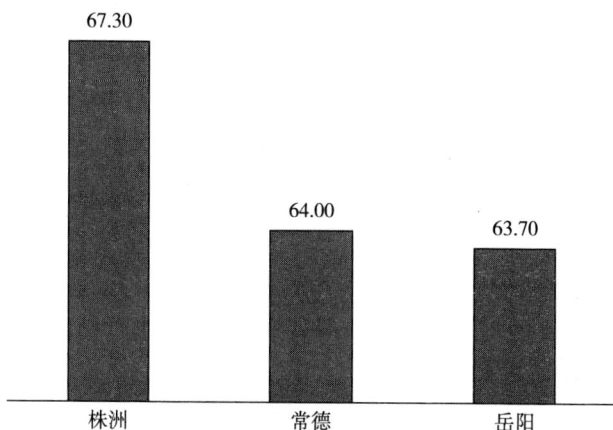

图 41　2013 年湖南省城市阅读满意度指数得分 TOP3 市州

分。总体来看,经济发展较好的地区,居民的阅读满意度因素
得分也相对较高,常德市、株洲市、岳阳市、长沙市连续三年进
入阅读满意度得分全省前四,这不仅得益于当地阅读环境、设
施等硬件方面表现相对较好,同时也展现出这些城市整体阅
读氛围相对浓烈,因此居民的满意度在 14 个市州中表现
较好。

　　从湖南省各市州的阅读满意度的三年变化情况来看,除个
别市州外,整体阅读满意度均呈现提升态势,且城市间的差距有
所减少。株洲、常德、长沙是阅读满意度较高的城市,且三年来
位置变化相对较小。邵阳、益阳、湘西州吉首市的满意度相对较
低,而这三个城市阅读满意度偏低的主要原因,在于对公共阅读
设施和阅读宣传力度的满意度不高,极大地影响了整体满意程
度的提升。

表 24　历年湖南省各市州阅读满意度因素得分情况

阅读满意度 各市州得分情况	2011 年 平均得分	2012 年 平均得分	2013 年 平均得分
株洲	59. 34	61. 72	67. 29
常德	62. 58	62. 01	64. 05
岳阳	55. 31	58. 37	63. 68
长沙	61. 96	61. 36	62. 13
永州	51. 42	54. 8	61. 4
郴州	54. 65	56. 38	60. 77
湘潭	53. 98	55. 94	60. 75
张家界	54. 05	57. 17	59. 84
衡阳	53. 34	56. 75	59. 7
怀化	55. 74	54. 35	59. 03
吉首	51. 9	54. 41	57. 96
益阳	52. 58	57. 67	57. 8
娄底	55. 96	56. 2	57. 73
邵阳	52. 95	51. 17	57. 23
湖南整体	55. 71	57. 28	60. 79

5.校园阅读氛围浓郁,青少年群体阅读满意度高

2013 年湖南省青少年群体对于阅读的满意度得分为 66.1 分,高于其他所有年龄段。青少年群体满意度较高,与校园内的阅读氛围较浓郁,阅读设施相对完善有较大关系。随着年龄的增长和与社会的接触越发增加,对于阅读满意度得分越低,一方面说明了成年群体因工作等压力,缺少阅读时间,另一方面也反映了成年群体在阅读方面可获得的资源相比青少年群体要少,感受到的阅读氛围也较青少年群体更弱。

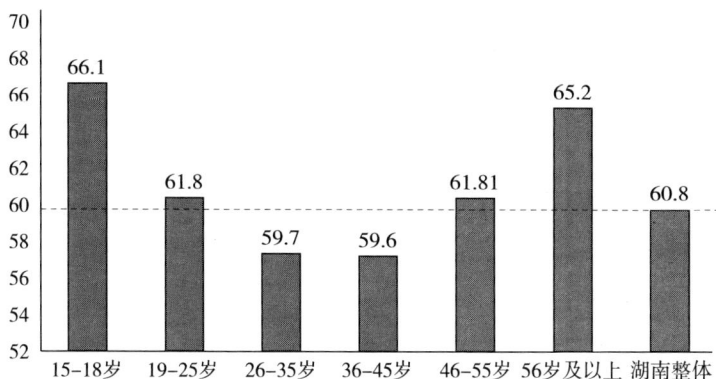

图42　2013年湖南省各年龄段城市居民阅读满意度得分比较

从历年不同年龄段阅读满意度得分情况来看,各年龄段的阅读满意度均呈现提升的趋势,特别是青少年群体在2013年阅读满意度得分上升明显。在近三年的调查中,青少年群体的阅读满意度得分在各年龄段中均属于最高,说明了青少年群体阅读状况相对较好,且身边的阅读氛围相对浓烈。而对于26—35岁和36—45岁两个年龄段的社会最忙碌群体,阅读满意度的得分均较低,从未超过60分。如何帮助这一群体利用工作闲暇更好地阅读,更多接触和使用阅读资源,形成阅读氛围,将对于整体阅读满意度的提升起到至关重要的作用。

表25　历年湖南省各年龄段阅读满意度因素得分情况

阅读满意度各年龄段得分情况	2011年平均得分	2012年平均得分	2013年平均得分
15—18 岁	58.29	61.60	66.10
19—25 岁	57.39	59.08	61.81
26—35 岁	53.75	54.89	59.75

续表

阅读满意度各 年龄段得分情况	2011 年 平均得分	2012 年 平均得分	2013 年 平均得分
36—45 岁	55. 41	56. 66	59. 60
46—55 岁	59. 28	58. 89	61. 80
56 岁及以上	59. 16	60. 84	65. 19
湖南总体	55. 71	57. 30	60. 79

注:青少年群体指 15—18 岁人群

（二）以宣传促进阅读氛围形成:阅读宣传力度满意度

对阅读宣传力度的满意度是指从公众的角度所感受到的,政府和媒体对阅读行为的宣传强度、频率等整体是否令人满意,体现了公众对于政府和媒体在阅读行为倡导方面的期望与要求。阅读宣传力度满意度对整体阅读满意度的贡献度为31. 67%,三年来对整体影响力度较为平稳,略低于行为和设施满意度的贡献度。

在对阅读的宣传力度方面,2013 年湖南省城市居民的满意度得分为 59. 39 分,较 2012 年的 56. 85 分和 2011 年的 54. 15分有所提升,但仍略低于上级指标阅读满意度的总得分。从得分上来看,湖南省城市居民对于政府和媒体在阅读宣传力度方面,有着更高的期望和要求,期盼政府和媒体能够加强对阅读的宣传,更好更充分地发挥政府和媒体的导向、拉动作用,促进社会整体阅读氛围的形成。如何能够让阅读宣传信息为公众接触到,怎样利用多种媒体平台进行信息的宣传与推广,特别是互联网、移动互联网媒体的充分利用,使居民感知感受与政府推广力度相吻合,是给政府、媒体提出的新的课题。

表26 2013年湖南省城市居民阅读宣传力度满意度情况

城市居民阅读宣传力度满意度	对上级指标贡献度	平均得分
阅读满意度		60.79
阅读宣传力度满意度	31.67%	59.39

（三）提供公共资源助力阅读行为提升：阅读设施满意度

对公共阅读设施的满意度是指从公众的角度所感受到的，所在城市所提供的公共阅读设施，如图书馆、公共阅览室等，是否能够满足需要、提供的服务、是否能令人满意，体现了公众对现有公共阅读设施整体状况的综合满意程度。2013年公共阅读设施满意度对整体阅读满意度的贡献度为32.66%，较2011年和2012年的影响力度有所提升，说明了公众对于公共阅读设施的关注度在提升。在阅读满意度的三个影响方面中，阅读设施满意度的影响力度处于中间水平。

在对公共阅读设施满意度方面，2013年湖南省城市居民的满意度相较于前两年有一定提升，得分为59.57分（2012年55.18分，2011年53.02分），略高于阅读宣传力度满意度得分，但明显低于居民实际阅读行为满意度。

从对公共阅读设施整体及各方面的满意程度上来看，湖南省城市居民对当地现有公共阅读设施的满意情况较前两年有所好转，对整体表示满意（包括比较满意和满意）的居民比例达到了30.13%，这一比例在2012年和2011年仅为24%和21.8%。由此可以看出，湖南省城市居民对于公共阅读设施整体满意度有较大比例提升。

具体来看对公共阅读设施各方面的满意情况，居民对图书

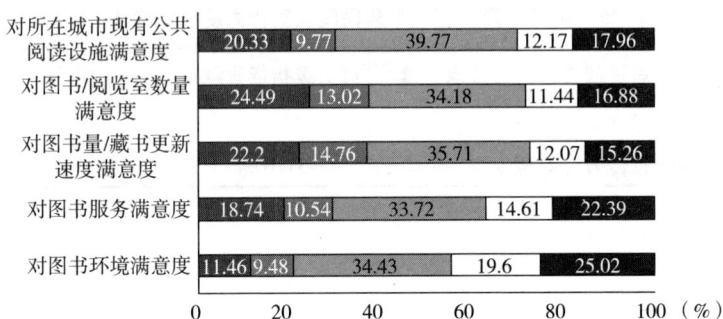

图43   湖南省城市居民对公共阅读设施整体及各方面满意情况

馆的环境和服务的满意程度较高,满意居民比例分别为44.6%
和37.0%,对图书馆"软件"的满意比例较前两年有大幅提升,
这一方面与政府对公共阅读设施的重视有关,另一方面居民素
质的提高对于图书馆环境的维护也起到了重要作用。相较对
"软件"的满意情况,城市居民对于图书馆/阅览室个数和藏书
量/更新速度等硬性条件的满意度相对偏低。从这方面情况来
看,居民希望能够有更多数量的公共图书馆或阅览室能够更为
方便地进行图书借阅,同时也希望公共阅读设施能够提供更多、
更新的阅读资源,让居民能够从中找到想要阅读的内容,也能够
紧跟阅读趋势。目前居民对于图书馆、公共阅览室的使用比例
不高,对于政府而言,公共阅读设施的建设和推广使用,是必须
同等重视的两个方面。

表27   2013年湖南省城市居民公共阅读设施满意度情况

城市居民公共阅读设施满意度	对上级指标贡献度	平均得分
阅读满意度		60.79
公共阅读设施满意度	32.66%	59.57

（四）自我与环境的阅读评估：阅读行为满意度

对实际阅读行为的满意度是指从公众的角度所感受的目前实际阅读行为的满意程度，体现了公众对是否很好地践行了阅读这一行为的评判。在对阅读行为整体的满意程度中，又包括了对自己阅读行为的满意度、对周围人阅读行为的满意度和对所在城市整体阅读行为的满意度三个方面，分别体现了对自身、对周围和对环境三个方面的评判。实际阅读行为满意度对于整体阅读满意度的贡献度最高，2013 年贡献度为 35.67%。

在阅读满意度的三个二级指标中，湖南省城市居民实际阅读行为的满意度得分最高，为 63.15 分，既高于阅读宣传力度满意度和公共阅读设施满意度，同时也较 2011 年和 2012 年有较大幅度提升（2012 年得分为 59.54 分，2011 年为 59.46 分）。实际阅读行为满意度，拉高了整体阅读满意度的得分。

居民实际阅读行为满意度又由对自己、对周围人和对所在城市整体阅读行为满意度三个方面组成，其中城市的满意度对整体阅读行为满意度的贡献度最高，达到 46.59%，说明对城市阅读氛围的满意度，最大程度地影响对行为整体的满意程度，形成良好的城市阅读氛围，对于提高阅读行为满意度，进而提升整体阅读满意度都有非常重要的影响。在对自己、对周围人和对城市阅读行为的满意度得分方面，对自己的满意度得分最高，为 67.8 分，对城市整体次之，为 62.15 分，而对周围人的阅读行为满意度得分为 61.12 分。从这三项的得分情况来看，居民对自我阅读情况较为满意，周围和城市形成了一定的阅读氛围，但距离居民的期待仍有一定距离，希望政府能够更好地推动、促进良好的社会阅读氛围形成，使人们能够随时随地深刻地感受到阅读在这个社会里的重要性。

表28   2013年湖南省城市居民实际阅读行为满意度情况

城市居民阅读满意度各级指数得分情况	对上级指标贡献度	平均得分
阅读满意度		60.79
居民实际阅读行为满意度	35.67%	63.15
对自己的阅读行为满意度	23.18%	67.80
对周围人的阅读行为满意度	30.23%	61.12
对城市整体的阅读行为满意度	46.59%	62.15

五、城市阅读指数影响因素——阅读环境因素

（一）从政策、环境、设施看湖南阅读

公众的阅读环境因素，主要是从整体出发，全面衡量政府对阅读投入的政策环境、城市阅读氛围的软件环境和阅读的硬件设施这三个方面来对湖南省及各市州现阶段的阅读环境进行评价。

政府对阅读投入的政策环境主要是针对城市出台的促进公共阅读的政策数量；城市阅读氛围主要通过城市阅读活动举办次数以及图书馆藏书量给予的阅读感受两个方面衡量；阅读硬件设施主要是通过图书馆数量、政府对图书馆的拨款以及规模新华书店数量三个方面来衡量。

本部分的数据通过二手资料进行收集，为避免城市人口规模差异，以人均占有量的形式加入模型设计之中，结构方程的计算得出每一个指数的得分，具体阅读环境因素结构如图44

所示。

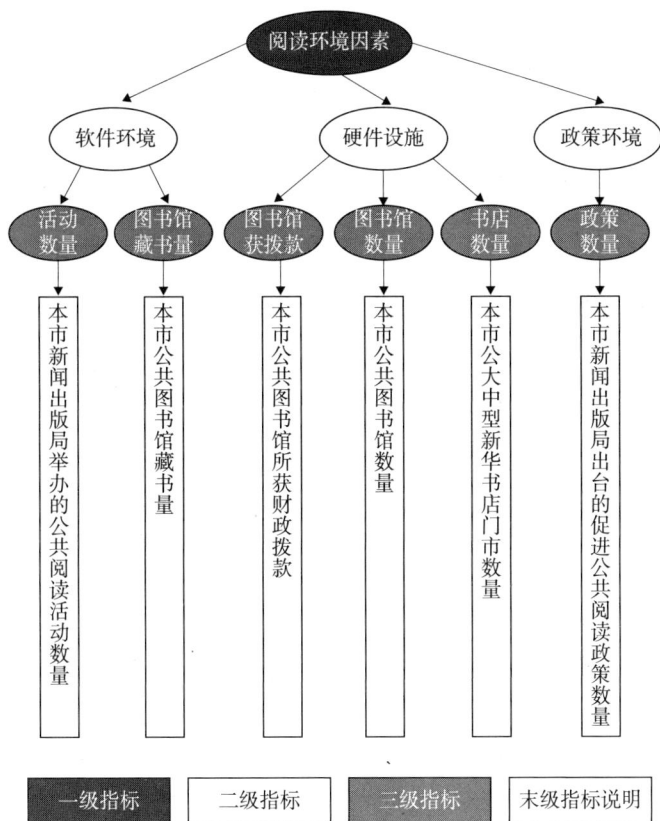

图44 2013年湖南省14个市州城市阅读环境因素示意图

政府投入贡献凸显

2013年构成阅读环境指数的三个指标中,图书馆、书店数量等阅读硬件设施是助力形成社会阅读环境的重要指标,贡献度最高达到42.96%,同时,政府的支持对于阅读环境的形成也显现出重要作用,政策支持的贡献度也达到了41.46%,而包括阅读活动等的阅读软件环境,由于用户参与度相对偏低,因而对整体阅读环境的建设贡献度较小,仅为15.59%。

从三个指标的影响力大小可以看出,社会的整体阅读环境的好坏,十分依赖于政府投入,政策偏向以及对图书馆、书店等固定外显型阅读设施的投入,都能对阅读环境的提升起到重要影响,成为提升阅读环境的重要方面。但同时也需要注意到,由于居民对于阅读活动的感受、参与度较低,使得阅读活动等软件环境对于整体阅读环境提升的影响力度较小,需要政府、媒体、活动举办方等的共同努力,使活动能够为人们所知道、所了解、所参与,提高活动效果,提升阅读活动对于营造阅读环境、氛围的重要性。

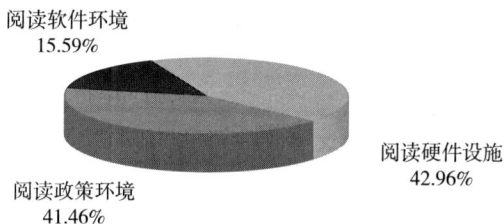

阅读软件环境
15.59%

阅读硬件设施
42.96%

阅读政策环境
41.46%

图45　2013年湖南省14个市州阅读满意度指数结构及贡献度

(二)政府作用凸显,环境稳步改善

阅读环境指数是对整体阅读环境情况进行评价的指标体系,每一指标最高分为100分,得分越高,说明整体阅读环境越好。

2013年湖南省城市阅读环境指数总得分为67.49分,阅读环境情况较好,但仍有较大提升空间。具体来看湖南省阅读环境指数各二级指标的表现情况,湖南省在阅读硬件设施方面表现较好,得分显著高于阅读环境指数整体得分,达到72.73分,说明湖南省在公共图书馆建设和书店设立方面表现较好,能够让居民较为便捷地享受到公共阅读设施,覆盖人群相对较广,特别是政府对于公共图书馆的拨款,极大地帮助了公共图书馆环境和服务的提升,从很大程度上也提升了公众对于公共阅读设施的满意度。硬件设施外,湖南省在软件环境方面得分也相对较高,达到67.25分,这主要得益于一年来湖南省内举办的多种阅读活动,丰富了居民的阅读生活,使得社会上形成了一定的阅读风气,带来了良好的阅读氛围。

阅读政策环境考察的是政府对阅读的政策偏向,这项指标对整个阅读环境影响显著,但得分相对偏低,仅为62.14分,也是拉低湖南省阅读环境得分的主要原因。湖南省对于阅读的政策偏向各市州间差异较大,最高分和最低分之间差距55分,城市间的侧重偏差是影响此项得分的重要因素,因此对于湖南省政府而言,如何帮助各市州,特别是相对落后市州,进行阅读相关政策制定,鼓励各地出台促进阅读的政策方案,是目前亟须重视的问题,也是提高阅读环境得分的重要方式。

表29　2013年湖南省省市居民阅读环境各级指标得分情况

城市居民阅读环境因素各级指数得分情况	平均得分
阅读环境	67.49
阅读政策环境	62.14
阅读软件环境	67.25
阅读活动数量	74.21
图书馆藏书量	58.21

城市居民阅读环境因素各级指数得分情况	平均得分
阅读硬件设施	72.73
图书馆获拨款数量	75.00
图书馆数量	72.86
书店数量	71.43

由于历年各市州阅读活动、财政拨款、政策扶植等数据有较大波动,阅读环境指数结构相较城市阅读指数而言,变化较大,但从整体上看,三年来,特别是2013年阅读环境指数得分呈现了明显的增长趋势,由2011年的58.42分提升至2013年的67.49分,阅读环境逐年向好,这得益于湖南省政府、各地新闻出版局对于阅读的政策偏向、资金投入和活动支持,使得以图书馆为代表的公共阅读设施建设得以飞速发展,不仅有新图书馆建成投入使用,同时各地图书馆藏书量的稳步上升,服务质量、环境质量的显著提升,都使得湖南省阅读环境整体得到提升。

(三)阅读环境:经济发展与人口规模的平衡

从湖南省各市州的阅读环境得分来看,各市州之间得分差异较大,最高得分城市和最低得分城市差距在45分以上。在14个市州中,阅读环境得分最高的是长沙市,得分92.24分,其次是娄底市和湘潭市,得分分别为85.69分和79.48分。总体来看,经济发展较好的地区,阅读环境也相对较好,但由于在阅读环境中加入了人口规模对人均享受到的阅读资源的影响,使得一些人口大市在阅读环境中得分较低;一些人口相对较少的城市,则由于人均享受资源较多,阅读环境得分相对较高。

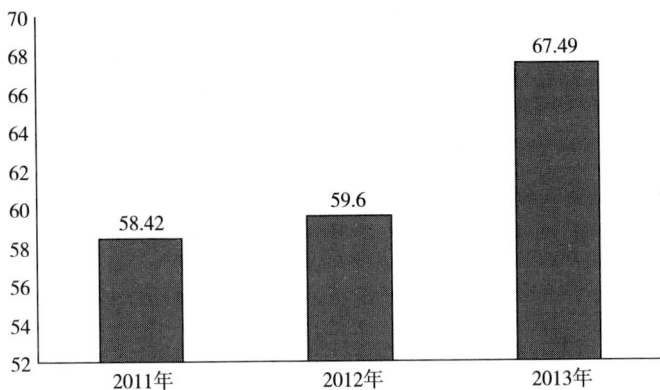

图 46　2011—2013 年湖南省城市阅读满意度因素得分比较

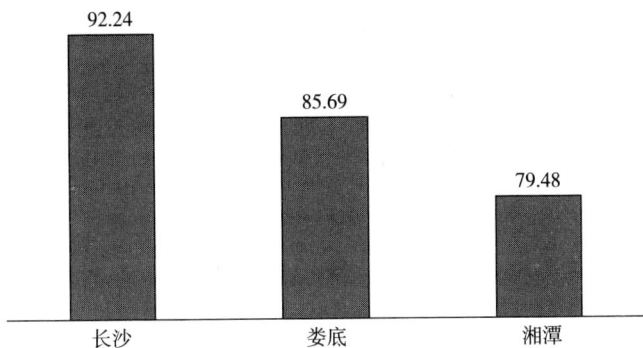

图 47　2013 年湖南省城市阅读环境指数得分 TOP3 市州

表 30　2013 年湖南省各市州城市居民阅读环境因素得分情况

城市居民阅读环境各市州得分情况	阅读环境得分
长沙	92.24
娄底	85.69
湘潭	79.48

城市居民阅读环境各市州得分情况	阅读环境得分
永州	72.51
益阳	70.51
郴州	66.71
张家界	64.68
邵阳	63.28
常德	63.03
怀化	61.09
株洲	60.67
岳阳	59.36
吉首	58.28
衡阳	47.31
湖南整体	67.49

六、创新探索:湖南城市数字阅读指数

第十次全国国民阅读调查结果表明,2012 年中国 18 — 70 周岁国民数字化阅读方式(网络在线阅读、手机阅读、电子阅读器阅读、光盘阅读、PDA/MP4/MP5 阅读等)的接触率为 40.3%,较 2011 年的 38.6%上升了 1.7 个百分点,各类数字化阅读方式的接触率较 2010 年均有不同程度的上升,呈较快增长势头。各类数字化阅读方式中,我国 18 — 70 周岁国民的网络在线阅读、手机阅读的接触率均有所上升,有 32.6%的国民通过网络在线阅读,比 2011 年的 29.9%增加了 2.7 个百分点;31.2%的国民通过手机阅读,比 2011 年的 27.6%增加了 3.6 个

百分点;但电子阅读器阅读、光盘读取等数字化阅读方式接触率,均有不同程度的下降。

可见以网络阅读和手机阅读为代表的数字阅读,在居民日常阅读生活已占据重要位置。湖南省政府提出要重视对数字阅读行为的了解与观察,因此在 2012 年在湖南城市阅读指数研究中,对城市居民的数字阅读行为进行了初步探测,成功构建数字深阅读指数。2013 年,在上一年研究的基础上,对数字阅读行为进行更全面的研究,通过结构方程完整构建了城市数字阅读指数指标体系,包括数字浅阅读指数和数字深阅读指数。

与城市阅读指数相比,数字阅读指数的构建有如下几个特点:

1.“阅读”概念范畴扩大:与传统阅读不同,浅阅读在数字阅读中占据更为重要的位置,因而在数字阅读指数构建中,将数字浅阅读行为也纳入到指标体系中,建立了数字浅阅读指数,修正并完善了城市居民阅读指数研究中只包括深阅读的阅读概念;

2.对重要性的考量:在数字指数指标的构建中,纳入了数字阅读对阅读行为的影响,以及在整体阅读行为中所占的比重,以此衡量数字阅读的重要性水平,更好地反映居民数字阅读情况,把握数字阅读发展;

3.区别数字浅阅读和数字深阅读:在 2012 年数字阅读指数探测性研究的基础上,为了有针对性地衡量浅阅读和深阅读这两种不同的阅读行为,2013 年数字阅读指数分别构建了数字浅阅读指数和数字深阅读指数,更清晰、更真实、更全面地反映城市数字阅读水平。

　　城市数字阅读指数的构建,希望能够通过对数字浅阅读和深阅读行为的描摹,一方面从数字阅读的角度进一步反映居民阅读情况,了解居民数字阅读水平,另一方面也为政府制定阅读促进政策、指导公共阅读活动方案提供支持。

　　(一)数字·阅读·指数

　　"数字阅读"在数字阅读指数研究中指通过电子设备,包括电脑、手机、平板电脑、电子阅读器、PDA/MP4/MP5 阅读等进行的阅读。

　　"阅读"在数字阅读指数研究中分为深阅读和浅阅读,其中深阅读指阅读电子书、图书连载、电子杂志等,其余包括阅读网络新闻、手机报等属于数字浅阅读范畴。

　　"数字阅读指数"是反映人们数字阅读情况的指标,包括"浅阅读指数"和"深阅读指数"两个部分,每一部分又由包括行为、重要性等在内的多个细致指标构成。

　　(二)浅阅读与深阅读并重

　　阅读环境的变化加速了人们阅读行为的变迁,使用电子设备进行阅读已经越来越多的被人们所采用,并越来越深入的影响国民阅读行为。然而,电子阅读设备的天然属性即进行较浅的阅读,考虑到浅阅读与深阅读的分化,因此数字阅读指数从深阅读和浅阅读两个方面来进行建模,形成数字浅阅读指数和数字深阅读指数,使其更加能够有针对性地反映新阅读环境下的数字阅读行为。

　　数字浅阅读指数

　　2013 年湖南省 14 个市州城市数字浅阅读指数为一级指标,该指标之下,分为 3 个二级指标:数字浅阅读行为、数字浅阅读花费和数字浅阅读重要性。

"数字浅阅读行为"指标下分 3 个三级指标:数字浅阅读频率、数字浅阅读时长、数字浅阅读设备使用;"数字浅阅读花费"指标下分 2 个三级指标:数字浅阅读花费和数字浅阅读花费重要性;"数字浅阅读重要性"指标下份 2 个三级指标:数字浅阅读频率重要性和数字浅阅读时长重要性。

数字深阅读指数

2013 年湖南省 14 个市州城市数字深阅读指数为一级指标,该指标之下,分为五个二级指标:数字深阅读量、数字深阅读设备使用、数字深阅读态度、数字深阅读花费和数字深阅读重要性。

"数字深阅读量"指标下分 4 个四级指标:数字深阅读频率、数字深阅读时长、数字深阅读本数、数字深阅读阅读丰富度;"数字深阅读重要性"指标下分为数字深阅读频率重要性、数字深阅读时长重要性、数字深阅读本数重要性、数字深阅读丰富度重要性和数字深阅读花费重要性 5 个四级指标。

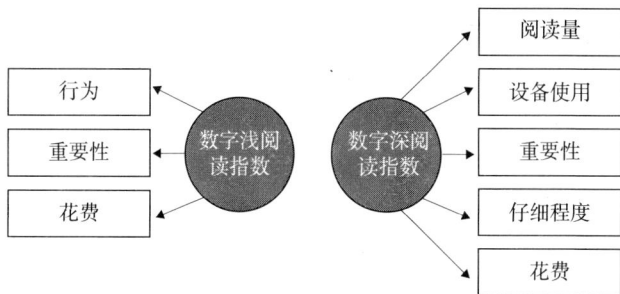

图 48　2013 年湖南城市数字阅读指数指标体系结构示意图

(三)湖南省城市数字浅阅读指数

1.以对纸质浅阅读替代性为核心的数字浅阅读指数

数字浅阅读指数反映了湖南省城市居民的通过电子阅读设备,进行报纸、网页等阅读的数字浅阅读行为,整个指数通过考察城市居民的数字浅阅读行为、数字浅阅读重要性和数字浅阅读花费来衡量。

数字浅阅读行为具体通过城市居民数字浅阅读的频率、阅读时长和阅读会使用的设备数量来衡量。数字浅阅读重要性通过在整体浅阅读行为中,数字阅读在阅读频率、阅读时长中的重要程度来衡量。数字浅阅读花费则是通过居民为数字浅阅读花费的金额,以及该金额在居民为浅阅读整体花费中所占比重来衡量。(数字浅阅读指数的数据通过读者调查获得)

浅阅读中,数字阅读对纸质阅读的冲击力度最为影响整体浅阅读行为

2013年构成居民数字浅阅读指数的三个指标中,数字浅阅读重要性对整体的贡献度最为显著,数字浅阅读重要性反映了在浅阅读行为中,数字阅读方式对传统纸质阅读方式的替代性,而替代性的强弱,严重影响了浅阅读指数的得分,贡献度达到了47.04%。其次,对数字浅阅读指数影响力度较大的是数字浅阅读行为,说明了实际行为在数字浅阅读指数中的重要性,贡献度也接近40%达到37.44%。相比较而言,数字浅阅读花费对于数字浅阅读指数影响相对较小,贡献度为15.48%,但也说明了居民为数字浅阅读的付费意愿和付费行为,直接影响了数字浅阅读整体行为。从数字浅阅读指数三方面的贡献度来看,既要考虑在浅阅读中数字阅读对纸质阅读的替代性,同时,具体的阅

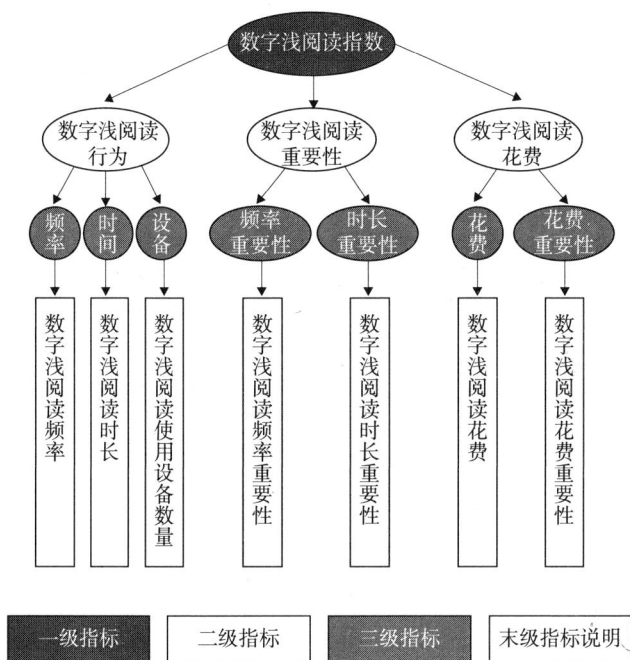

图49 2013年湖南省14个市州城市数字浅阅读指数示意图

读行为,以及浅阅读消费意愿的形成、培养,都将对数字浅阅读整体情况产生影响。

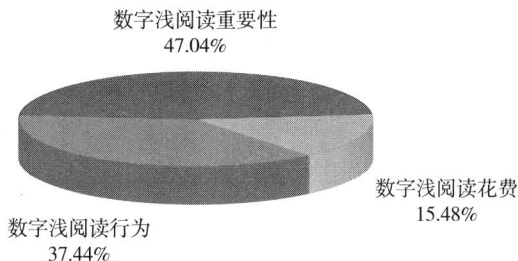

图50 2013年湖南省14个市州数字浅阅读指数结构及贡献度

2.数字浅阅读冲击纸质浅阅读

数字浅阅读指数是对整体城市居民数字浅阅读情况进行评价的指标体系,每一指标最低分为 0 分,最高分为 100 分,得分越高,说明数字浅阅读情况越好。

2013 年湖南省城市数字浅阅读指数总得分为 54.81 分,得分仍有较大提升空间。具体来看数字浅阅读指数各二级指标的表现情况,可以看到,湖南省整体在数字浅阅读行为方面得分较高,超过了数字浅阅读整体指数的总体得分,达到 61.11 分,浅阅读行为的高得分主要得益于数字浅阅读频率较高,得分达到 68.39 分,说明数字浅阅读已融入居民的日常阅读生活中,有较高的阅读频率。在数字阅读对纸质阅读的替代性考评的指标上,我们看到数字浅阅读重要性达到了 56.21 分,略高于总指数得分,说明在浅阅读方面,数字阅读已在相当程度上替代了纸质阅读,成为浅阅读的重要方式。

相比起对数字浅阅读行为和重要性而言,湖南省城市居民数字浅阅读花费得分相对较低,仅为 35.30 分,是拉低数字浅阅读总指数的主要原因。花费得分偏低说明了湖南城市居民在数字浅阅读方面,尚未形成良好的付费习惯,付费意愿较低。培养居民的付费习惯,提高居民付费意愿,从根源上是要建立居民的版权保护意识,而这正是发展数字阅读产业必须要跨过的一关,解决付费观念,将极大助力于数字阅读的发展。

表 31　2013 年湖南省城市数字浅阅读指数各级指标得分情况

数字浅阅读指数各级指标得分情况	对上级指标贡献度	平均得分
数字浅阅读指数		54.81

数字浅阅读指数各级指标得分情况	对上级指标贡献度	平均得分
数字浅阅读行为	37.44%	61.11
数字浅阅读频率	33.87%	68.39
数字浅阅读时长	33.90%	53.37
数字浅阅读使用设备数量	32.23%	61.61
数字浅阅读重要性	47.04%	56.21
数字浅阅读频率重要性	49.43%	57.69
数字浅阅读时长重要性	50.57%	54.75
数字浅阅读花费	15.48%	35.30
数字浅阅读花费金额	52.77%	26.69
数字浅阅读花费重要性	47.23%	44.93

（四）湖南省城市数字深阅读指数

1.以阅读量、设备使用为核心的数字深阅读指数

数字深阅读指数反映了湖南省城市居民的数字深阅读行为,通过考察城市居民的数字深阅读行为、设备使用、态度、重要性等多个因素来衡量。数字深阅读行为具体包括数字深阅读频率、阅读时长、阅读本数、阅读主题的丰富程度;数字深阅读消费水平通过在数字深阅读上的花费衡量;数字深阅读设备使用通过数字深阅读使用的设备类型数量的多少衡量;数字深阅读态度通过阅读数字图书的仔细程度衡量;数字深阅读重要性通过数字深阅读的时长在总深阅读时长中所占比重、数字深阅读本数在总深阅读本数中的比重、数字深阅读频率在总深阅读频率中的重要性、数字深阅读阅读主题丰富程度在总深阅读主题丰富程度中的重要性和数字深阅读花费在总深阅读花费中所占比

重五个方面衡量。(数字深阅读指数的数据通过读者调查获得)

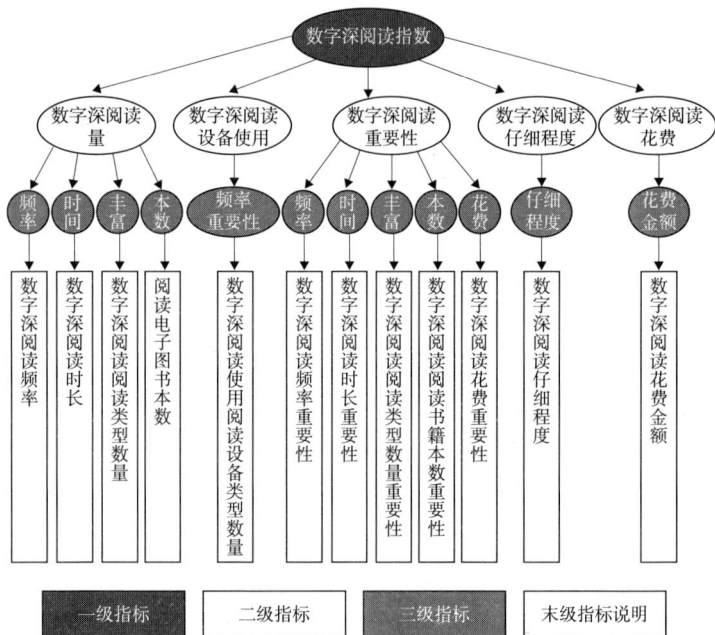

图 51　2013 年湖南省 14 个市州城市数字深阅读指数示意图

阅读量和阅读设备使用影响力度最高

根据结构方程分析的结果,2013 年在构成居民数字深阅读指数的五个指标中,数字深阅读量和数字深阅读设备使用对整体的贡献度最高,贡献度分别为 29.40% 和 29.10%,说明了实际数字深阅读行为中的数字深阅读量,和进行深阅读时使用的设备数量,对整体数字深阅读有着最直接和最显著的作用。其次贡献度较高的是数字深阅读重要性,贡献度也超过 20%,达到 20.32%,说明深阅读中数字阅读方式对传统纸质阅读方式的替代性对数字深阅读也有相当重要的影响。相比较而言,数字深阅读花费和数字深阅读仔细程度对于数字深阅读指数影响相对较小,贡献度分别为 14.61% 和 6.57%。

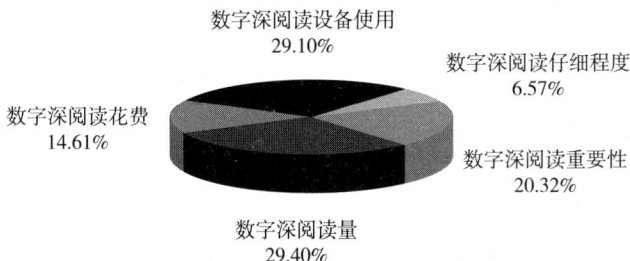

图 52 2013 年湖南省 14 个市州数字深阅读指数结构及贡献度

2.缺乏付费意识,对纸质阅读替代性弱

数字深阅读指数是对整体城市居民以数字阅读形式进行深阅读情况的评价指标体系,每一指标最低分为 0 分,最高分为 100 分,得分越高,说明数字深阅读情况越好。

2013 年湖南省城市数字深阅读指数总得分为 39.83 分,得分偏低,数字深阅读在湖南城市居民阅读生活中相对较弱。具体来看数字深阅读指数各二级指标的表现情况,可以看到,在数字深阅读阅读仔细程度上,湖南省整体得分较高,达到 62.89 分,说明城市居民通过数字阅读方式进行深度阅读时,也会较为认真和仔细。除仔细程度外,其他四个二级指标的得分相对较低。数字深阅读设备使用和数字深阅读量的得分分别为 41.71 分和 41.17 分,略高于总指数得分。数字深阅读重要性得分与总指数得分基本持平,为 39.97 分,从重要性上来看,在深阅读方面,数字阅读对纸质阅读的替代程度相对较低。与数字浅阅读花费一样,湖南省城市居民数字深阅读花费的得分也较低,仅为 21.80 分,极大拉低了数字深阅读总指数得分,说明了在数字深阅读方面,湖南省城市居民同样未能形成良好的付费习惯,付费意愿较低。由此可见,对于数字阅读产业的发展而言,如何能够让居民产生付费意愿,养成付费习惯是至关重要的。

整体来看,湖南省城市居民在进行数字深阅读时,态度较好,也有一定的阅读量,并愿意通过多种渠道便捷地进行数字深阅读,但对数字图书、杂志的消费意识仍欠缺,同时在深阅读方面,数字对纸质的替代性相对较弱。

表32　2013年湖南省城市数字深阅读指数各级指标得分情况

数字深阅读指数各级指标得分情况	对上级指标贡献度	平均得分
数字深阅读指数		39.83
数字深阅读量	29.40%	41.17
数字深阅读频率	25.73%	43.38
数字深阅读时长	25.71%	41.98
数字深阅读丰富度	25.52%	41.97
数字深阅读阅读本数	23.04%	36.91
数字深阅读花费	14.61%	21.80
数字深阅读设备使用	29.10%	41.71
数字深阅读仔细程度	6.57%	62.89
数字深阅读重要性	20.32%	39.97

数字深阅读指数各级指标得分情况	对上级指标贡献度	平均得分
数字深阅读频率重要性	23.84%	39.97
数字深阅读时长重要性	23.79%	40.14
数字深阅读丰富度重要性	23.50%	39.90
数字深阅读阅读量重要性	17.17%	49.27
数字深阅读花费重要性	11.70%	32.32

后　记

从策划到正式出版本书，历时只有 6 个月。当本书付梓定稿并最终在第五届"三湘读书月"活动启动式上首发时，我们非常欣慰。

本书的编写得到了魏委、周用金等领导的大力支持和悉心指导。此外，毛良才、阳芳菲、肖荣、邓清波、王石星、明春、杨志峰、邓小东以及北京大学刘德寰教授、彭国梁、蒋艳平、杨伟、姚红等参与了书稿的策划、编撰、修改和审定工作。

人民出版社的领导和有关同志对本书的出版提供了重要支持，做了不少工作。

在此，谨向关心、支持《湖南与阅读》一书出版编纂的单位和个人一并致以感谢！

编　者

2013 年 10 月

责任编辑:张双子 陈鹏鸣

封面设计:徐 晖

图书在版编目(CIP)数据

湖南与阅读/湖南省新闻出版局主编.
  -北京:人民出版社,2013.10
ISBN 978－7－01－012725－5

Ⅰ.①湖… Ⅱ.①阅… Ⅲ.①读书活动-概况-湖南省
  Ⅳ.①G252.17

中国版本图书馆 CIP 数据核字(2013)第 247098 号

湖南与阅读
HUNAN YU YUEDU

湖南省新闻出版局主编

人民出版社出版发行
(100706 北京市东城区隆福寺街 99 号)

北京新魏印刷厂印刷 新华书店经销

2013 年 10 月第 1 版 2013 年 10 月北京第 1 次印刷
开本:880 毫米×1230 毫米 1/32 印张:8
字数:170 千字

ISBN 978－7－01－012725－5 定价:28.00 元

邮购地址 100706 北京市东城区隆福寺街 99 号
人民东方图书销售中心 电话 (010)65250042 65289539